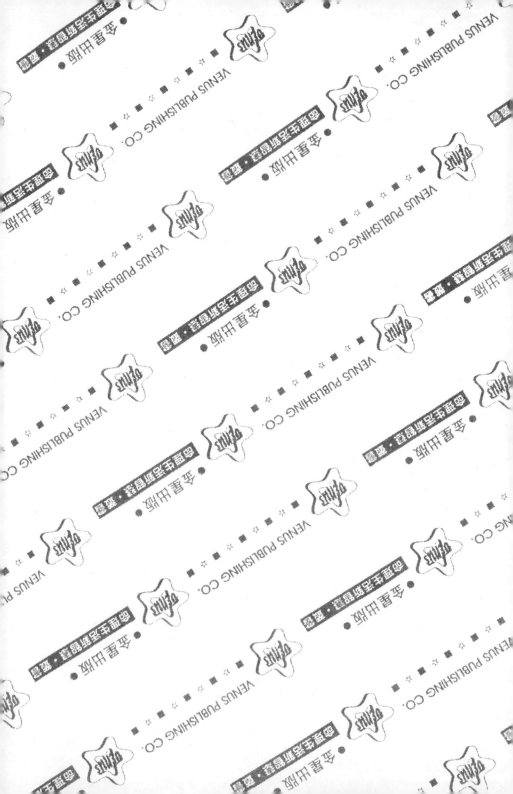

命理生活新智慧・叢書　62

對你有影響的

府相同梁

《下》

金星出版社 http://www.venusco555.com
E-mail: venusco997@gmail.com
法 雲 居 士 http://www.fayin777.com
E-mail: fayin777@163.com
fatevenus@yahoo.com.tw

法雲居士⊙著

金星出版

國家圖書館出版品預行編目資料

對你有影響的府相同梁／法雲居士著，--第1版. --臺北市：金星出版：紅螞蟻總經銷，2004[民93]
冊；公分（命理生活新智慧叢書；62）

ISBN 978-957-8270-541（下冊:平裝）

1.紫微斗數

293.1　　93013911

對你有影響的
府相同梁 下冊

作　　者：法雲居士
發 行 人：袁光明
社　　長：袁光明
編　　輯：王璟琪
總 經 理：袁玉成
地　　址：台北市南京東路三段201號3樓
電　　話：886-2-2362-6655
傳　　真：886-2-2365-2425
郵政劃撥：18912942金星出版社帳戶
總 經 銷：紅螞蟻圖書有限公司
地　　址：台北市內湖區舊宗路二段121巷19號
電　　話：(02)27953656(代表號)
網　　址：http://www.venusco555.com
E-mail：venusco997@gmail.com
法雲居士網址：http://www.fayin777.com
E-mail：fayin777@163.com
fatevenus@yahoo.com.tw

版　　次：2004年11月 第1版　2021年11月　加印
登 記 證：行政院新聞局局版北市業字第653號
法律顧問：郭啟疆律師
定　　價：450元

行政院新聞局局版北字業字第 653 號

ISBN :978-957-8270-541（平裝）

府相同梁

《下冊》

序

近來又有許多新進加入學習紫微命理的朋友們，進入了學習紫微命理的行列。這當然是我非常高興的事。但一則以喜，一則以憂。

在這些剛加入學習紫微命理的朋友們中，其加入的原因有二：一種是對自己的人生感到好奇，一路走來起起伏伏，又或是平淡無奇，因此會對自己的人生想做一些瞭解和評斷，有時更會因想要改變一些什麼而想懂得命理知識。另一種人是從我所專研的偏財運而著手的。當他們從《如何算出你的偏財運》這本書對照出自己的命盤中有『武貪格』、『火貪』或『鈴貪』格時，興奮的不得了。好像終於找到人生發富的目標，可以一蹴而成一夜致富的奇蹟似的，為了更快速瞭解自己發富的速度，他們就來找我算命，其實就是來談談其人的發財夢的。

首先，我要告訴各位讀者的是：『偏財運』它是一個人生格局的形式。它是自然發生的事，具有暴發運格的人，到了某些特定的時日，就自動會爆發。我在書中也詳細解釋如何算出爆發時間的方法。但我再三的強調一個觀點以及暴發運的定律：一、暴發運是自己會發生的。二、暴發運是會影響人生起落的。三、暴發運也要看人命中的財多、財少，而有一定規格的。四、暴發運要發在事業上才有用、才留得久一點，若是直接暴發錢財，暴起暴落的時間短又快，仍會如泡沫般快速消失的。因此你必須用心工作，迎得暴發運的能量才會大。不工作專心等待暴發運的人會失望的。

有一位破軍、鈴星坐命的人來找我分析他的偏財運，這位朋友從軍職退役領了七十萬元，說是要用七十萬元做本錢，現在要專心研究樂透彩的明牌了。我告訴他這七十萬很快就沒了。他也不可能研究得出中獎號碼的，他大不以為然。

這位朋友的財帛宮是七殺、陀羅、文昌化忌，計算能力不好，對錢財和數字糊塗，這一點他也承認。但他說前幾天做了一個夢，夢中出現兩個數字，事後都在樂透彩中出現了。這樣他就以為自己有數字上的敏感性了，以為遲早有一天樂透頭彩的數字就會在夢中出現了。我告訴他，這是不可能的事。樂透彩的彩球設定的程式是許多博士精通數學與概率而精心設計的程式，豈會被一個讀書讀不好、又數學能力差的人用做夢的方式夢出來？

這位朋友命宮有鈴星，有古怪的聰明，其遷移宮有廉相、文曲，命、遷二宮有破軍、文曲相照，形成『窮』的格局。他的『武貪格』在夫、官二宮，也是破格。夫妻宮是武曲、擎羊，官祿宮是貪狼居廟。從整個命理格局來看，此人必須小心翼翼過日子，努力工作，日子才會平順。工作上還有一點好運，做軍人最適合，一生都會在一個不太富裕的環境中生活。因為夫妻宮的『武曲、擎羊』代表其人內心是一種『刑財』的格局，本身對錢財有不好的想法，且有拒財的想法，這又如何能賺大錢或暴發大的偏財運呢？

因此，我勸他好好去尋找一份工作，腳踏實地的過日子，暴發運不是不能發，只是要等待時機、時間，而且暴發的錢財也不會太多。勸他不要對暴發運、偏財運存有太多的夢想。

他很興奮的告訴我，他想從事政治行業了，問我如何？我說：『你不是才從軍中退役，軍職就是政治業啊？』他說：『他對軍職沒興趣，也不喜歡軍中的環境？』這很有趣！軍職都做不了，那要做什麼樣的政治業呢？如此的頭腦不清，做街頭運動，也不過是隨眾起哄，浪費生命，永無結果的人生命運而已。

另一方面，他是不相信自己命中財少的，他說：『我的福德宮是紫府，那不是很有錢？那怎會財少？中不到大獎呢？』

福德宮有紫微或天府，都是好享受、打拚力不強，喜歡好的物質享受。命書上說：『紫微入福德宮為閒宮，為人懶惰、懶散，無衝力，發奮力不強。天府入福德宮，主人好物質享受。』因此紫府入福德宮，只在其人喜歡享受對自己最有利的事情上，例如多偷懶、舒服一點，有好吃、好喝、好穿的、多享受一點，你真正會不會享受到最上等品質的吃穿，其實要看整體命格，以及你的環境好壞，才能知道你所享受的生活品質是那一等級的享受了。這位朋友的本命是窮的格局，因此所享受的吃穿、食祿品質都是屬於『窮』中的好一點的品質。

在這裡我要講的是：每個人論自己的命，都要以命盤整體來看，不要只看有好星的宮位，再來加大期望。也不能對自己不好的宮位視而無睹。其實每個人都對自己的性格非常瞭解、熟悉，也知道自己的想法、思路和喜好，但不能以此矇蔽自己的眼睛。

我常說紫微斗數是從八字學演變而來的，因此紫微斗數命盤中所出現的狀況，在八字中也會呈現。你如果從紫微命盤中看不出自己的財有多少？就從八字中來找財星，也能定出命格的財富層次出來，

『算命就是算時間！』人一定要先瞭解自己命格、財福的等級，再把命運中重要的時刻把握住，這樣命運就能完全掌握在你的手中了。

此外，還要解釋一下的是：我在《對你有影響的『殺、破、狼』上、下冊》，以及《對你有影響的『紫、廉、武』》等書中，都再三提及：殺、破、狼命格和紫、廉、武命格的人，都是屬於政治性的動物。思想很政治，人生形態也很政治，因此容易從事政治形的活動，也容易做軍職，善於爭鬥、競爭，但這些人命格中如有瑕疵，就容易爭不過，想放棄，或挺而走險。軍職也是政治行業中重要的一環，大家不要忽略了。某些命格的人，也天生適合做軍人，在其他行業是無法生存的，否則退役下來，只會遊手好閒一事無成。

法雲居士　謹識

府相同梁

《下冊》

命理生活叢書62

府相同梁《下冊》

目錄

府相同梁

《下冊》

府相同梁

《下冊》

府相同梁

《下冊》

上冊目錄

第十章　天同的特質與格局、形式

第一節　天同的特質

天同星，五行屬水，為陽水，是南斗第四顆星，為福德主，能解厄制化，可延壽保生，為福星。化氣為善福。主生男。

天同在人的命盤中，代表一種自然而然生長的力量。是一種天生自然的福氣。每個人命盤中天同的旺弱、吉福或刑剋，關係到其人享福、懶惰或勤勞，奮發或懈怠在人生中的節奏感。同時也關係到其人能享受衣食住行、玩樂、輕鬆等福氣的程度。

天同在十二宮的旺度層次分為四種：**一、是在巳、亥宮居廟的旺度**。**二、居旺位層次的有二種**，一種在子宮是同陰雙星的形式。一種是在申宮，同梁雙星並坐的形式。**三、是居平位的旺度**，是在卯宮、酉宮、辰宮、戌宮為單星形式，而在寅宮有同梁雙星並坐的形式。**四、是居陷位的旺度**，則是在丑宮、未宮為同巨雙星並坐的形式，與在午宮同陰雙星的形式。

天同是身主星宿中主『生』的企機。身主星宿皆是以南斗星宿所組成的，代表生、老、病、死的一個過程，南斗星曜是真正主掌我們人或宇宙星球生命力的主因。因此天同代表的是生命剛開始的狀況，是一個稚嫩的生命，到處受到照顧，也是一種天生自然生命啟動漸漸茁長的力量。也因此天同星入命時，也會出現幼稚的行為或言語模式，他很接近孩童，故為小孩星、兒童星。天同坐命的人，很有小孩緣，本身就有些幼稚，言行中的身體語言很容易和孩童接近。也容易做幼教工作，或在幼稚園、小學中教書。

也因為天同主『生』，故天同入命的人，很容易做事或學習易停留在初級階段，為人單純，不易為世俗侵擾、掉入社會市儈的染缸。天同入命的人幾乎都是溫和、善良、愛撒嬌，有小孩脾氣，為人天真，甚至於常常易受人控制或擺佈。其人內心雖有自己的想法，有些人不一定會表現出來。但他們會有自己內心的固執、頑固，會在某些方面堅持。平常好脾氣的人，若一但發了脾氣，也是挺嚇人的。這其中，要以同梁坐命的人，最頑固，內心最有自己的主見。同巨坐命的人，內心多是非，想的多，但未必有堅持己見的時候。同陰坐命的人好享福，愛談戀愛或談感情，動之以情，其人就不會再堅持了。

天同入命的人，男性與女性在性格上有很多不同，但都是性格溫和，較不會發脾氣的人。（有些人對外人溫和，對自己家人倒是脾氣很大，讓家人頭痛）。天同入命的人愛享福，較懶惰，做事沒有衝動力和發奮的心，喜歡得過且過。男女性格上的不同，可能也是因為社會對男女的期望不同而致。**天同入命的女性**喜歡撒嬌，不工作，性格較軟弱，能夠容忍，靠人生活，做姨太太、或妾室的人很多。這些人也要看八字中桃花多、帶有邪淫的人才做的成。天同化權入命的女性，仍能有主見，工作能力好，是既愛管事，又愛享福，強力要享到自己福氣的人，但仍會勞碌。

天同入命的男性，通常是內心頑固，表面溫和，容易對家人發脾氣，不太願意和家人溝通，對外人較好，就算懶惰、沒有能力的人也是一樣。既靠家人吃飯，脾氣還不好。

天同坐命的人，命、財、官、夫、遷、福等宮，一定會有一顆巨門星出現，故其人和是非總是有不解緣。不是自己內心多想，內心多是非，就是環境或工作上必和是非之事有關連。有些是非是自己生成的，有些是非是外力影響的。但天同是福星，幾經波折總會渡過。天同坐命的人也善於利用是非來解決事情，或牽拖別人，或牽拖更多的人一起來承擔責任或災禍，這也是他們慣於利用解決問題之方法。天同坐命的人總認為會有貴人來幫助他解決困難的。這也是其人有幼稚心態，和自以為很小，想要大人來管的一種心態。

天同坐命的人，通常誕生的時刻，有一些是在一個家庭即將要穩定，或要變好的時候，例如天同居廟坐命巳、亥宮的人，天同坐命卯、酉宮的人，即是。有一些是出生在家庭中是非多的時刻，此時刻需要暫時的修養坐息，父母想要暫時停止爭鬥或災難，但不一定能停得了。例如同巨坐命的人，或天同坐命辰、戌宮的人即是。這些問題從八字中都可看得出來。

天同坐命巳、亥宮的人，因財帛宮是空宮，倘若官祿宮好，有天機化權、巨門，或是天機、巨門化權，或是僕役宮有紫微化權、天相，都能因人而貴，有大事業，若再加上本命八字財多的人，前途也是不可限量的。

一般人都認為天同坐命的人沒有衝勁，屬於『機月同梁』格的人生，是沒有什麼大發展的。但必須要看八字組合才能斷定。我就曾看到一位天同坐命亥宮的朋友，中學、大學都讀的是一流學府，原本也想考公務員，但28歲時開始發，結果走上了貿易商的經商之路，在做生意之中，有許多有趣的現象。常常他在買賣進出口貨物之時，對方的買家或賣家就常找上門來，很願意和他合作，有些國家的貿易商甚至願意把公司的股份分他一半來共同經營，二十年下來，他就在50個國家有公司據點了，這些事情十分奇妙，也都是自然而然發生的。他經常在世界各地奔走，賺錢很多，但婚姻不美，先後結婚四次，他是因為婚姻的問題來找我詢問的。天同居廟坐命的人，若是命格中財官強，也是大有作為的。而且天同是福星，別人會感覺到他命好福厚，沒有太強的侵略性，反而願意和他分享財利。這就是天同坐命者具有自然天成的福氣了。

天同坐命者，即使居廟坐命，命中八字財星少，官星也少的人，就會懶惰、好玩，好享受，不務正業，一生沒有工作能力，易靠家人養活了。

天同坐命巳、亥宮的人，因命坐四馬宮，驛馬強，對宮有陷落的天梁相照，容易四海飄蕩，男子容易浪跡天涯，做船員或藝術家。女子易做四海遊走之藝人或演員。此種命格的人，不論男女皆桃花強，有淫貪之慾望。

天同主『生』，有延壽保生的作用。故天同坐命者，一生中有生命上之驚險，總能化險為夷。天同居廟坐命的人，也能長壽。天同即使居陷，也仍有保生、享福的作用，能自然而然的變好，除非刑剋太過，才會短壽。例如天同、巨門化權、擎羊坐命的人，身體易有傷殘現象，即是刑剋太過了，為『刑福』色彩之人，易短壽。

天同的特質

天同是福星，能趨吉避凶，有使一切平順祥和的力量。天同主福不主財，能安享，有衣食，也能使財運順利，生活過得去，但未必能得大財，因本身為『機月同梁』格的一員，故會有穩定的工作來得財。**天同入那一宮，那一宮就有福**。例如入財帛宮，錢財就順利，工作平順穩定，不愁財窮，是有固定收入的賺錢模式。天同入官祿宮也是有固定穩定的工作來賺錢得財。

天同在命宮：會性格溫和、穩定、莊重，不奢華，好慈善，居廟時，易肥胖，也能精通文墨，陷落時瘦小，也易懶惰。無刑剋時，天生享福有福氣，凡事能安享，也能趨吉呈祥，制化災厄。居平時，易為玩樂勞碌。居陷時，能力不強，但能找到吃飯的地方，亦有自己生存之道。

天同在兄弟宮：兄弟溫和，脾氣好，兄弟姐妹相互友愛，少爭執，亦能相互幫忙，無芥蒂。

天同在夫妻宮：配偶溫和，脾氣好。你們是一對平凡的夫妻，彼此不會吵架，配偶能體諒你，也不會太管你，給你很大的自由。同時在你的內心中也是性格穩定，凡事講理，對人不太要求，喜歡平和處理事情，不太想和人有衝突，內心會稍為懦弱的人。

天同在子女宮：子女聰明乖巧，聽話，不須你花太多的精神就能教養好，因此你可做父母做得很輕鬆。子女和你感情好，你具有孩子緣，會和小孩玩在一起，不會用父母的威嚴來震懾子女。同時你在你自己的做事才華方面，不會太要求，自己覺得有一點不錯，就高興的四處宣揚了。你會安於現實，對自己的要求不高。

天同在財帛宮：錢財一生都順利，不為財愁。你會有穩定的收入和工作，會做上班族和薪水族，有固定收入，適合做公務員或教職。你一生做事穩當，不喜歡變化太多，會按部就班的做事賺錢。也會不願賺非份的錢財。

天同在疾厄宮：代表膀胱、泌尿系統、排泄系統、水道系統的毛病，如膀胱炎、腎炎、結石、尿道、陰道、疝氣、墜腸、腸疾及耳疾等毛病。

天同在遷移宮：代表周圍環境是溫和、享福、平和、無爭鬥的環境，而且你周圍所發生的事件、問題，都會在一段時間中慢慢變好、趨吉，惡事不生。但因為環境中太祥和或太穩定，常是一種懶洋洋的，少變化，沒什麼新鮮感的環境。這也會造成你會變得慵懶，無奮發力與上進心。

天同在僕役宮：你的朋友及部屬是溫和、脾氣好，很能容忍你的人。同時你也會對朋友很好，很友善。朋友會帶給你福氣，也會幫助你，或資助你，你有很好的朋友運，也宜和朋友合夥做事業，彼此會相互信任，沒有戒心。

天同在官祿宮：表示工作平順，是上班族或薪水族，很穩當的工作，而且工作是輕鬆、不太忙，有時還能享些有趣的、帶點玩樂性質的工作，最適合的是教書或銀行或科技性的、公務員的工作，也最適合與比自己年紀小的人一同工作，會工作得愉快，賺錢也豐裕，衣食無缺。

天同在田宅宮：表示房地產會穩定的擁有，不會賣掉。你可得到家產，父母也會給你房地產。你的財庫很穩當，能有積蓄。你容易一開始就住在新社區之中，住很久，不易搬家。你的家人很溫和，相處合諧，家人是世故、善交際的人，也會天真、善良。女子有此田宅宮時，表示子宮很健康，能孕育較多的子女。

天同在福德宮：表示性格穩定、溫和、脾氣好，不太會吵架，也不喜和人發生爭執，一生愛享福，也有福享，性格有時懦弱，帶點懶惰的味道，但會掩飾得很好，儘量不讓別人發覺。你一生中最想要做的事，就是能享清福，或時常有玩樂、輕鬆一下的願望。

天同在父母宮：父母溫和、脾氣好，凡事會順著你、愛護你。同時父母也是世故與通情達理、善良的人。親子關係很親密，永遠無代溝問題，父母也會和子女做朋友相互談心，父母也會有天真、爛漫的思想，和子女打成一片，毫無長輩的尊嚴與教條。

府相同梁
《下冊》

天同剋應事物：

在人的方面：代表好命少勞動的人。代表胖胖的、福氣好的人。代表做老師、做公務員身份的人。代表做飲食業有關的人。代表做娛樂、享受、按摩、SPA水療業的人。代表能趨吉避凶、能為人帶來好運的人。代表與小孩有關的遊樂或玩具業者。代表幼稚、天真的人。代表愛撒嬌、長不大的人。代表做妾或風塵女子。代表懶惰及游手好閒的人。代表浪蕩的藝術家，或奔波賣藝的演藝人員。代表小孩子或老年人。

在事的方面：代表玩樂、享福之事。代表穩定、勞動力不高的工作。亦代表學術、藝術、醫學類的學術研究工作。代表清要之職。代表與小孩有關之事。例如開幼稚園的事業，代表天真、用腦不多之事，亦代表中醫、中藥之事，與吃喝玩樂有關之事。

在物品的方面：代表玩具、裝飾品、零食、娛樂器具，與水有關的東西，水管、自來水龍頭、水溝、水缸、魚缸、養荷花的水缸，食材、飲食用具、餐具等，教材、遊樂器具、嬰幼兒用品、躺椅、健身器材、中藥、藝術類畫作、雕刻品、畫具、顏料、文具，不急的文件，信件。外表討人喜歡，但實用性不高，或用不太久的東西。

在地方或建築物方面：代表新生地或新社區，附近有花園或遊樂場的地方，附近有溪流、水溝或窪地的地方，或附近能逛街、好玩的地方。附近有吃食、賣衣飾品、KTV、做按摩享受的地方。或指幼稚園、小學、老人院、玩具店，冷僻安靜的學術機構，中醫院、中藥店、療養院、精神病療養院、慢性病療養院、育

府相同梁

《下冊》

幼院、孩童教養機構、孤兒院、兒童劇團、麵包店、嬰幼兒用品店、服飾店、健身房、藝術品專賣店、文具店、畫具店、外表滑稽、可愛的商店、娛樂器材店、觀賞用品店、魚店、水族館、水上遊樂場、釣魚場、按摩院、旅館、觀光遊樂、休閒渡假村。

在建築物方面：代表做休閒運用的建築物，代表外表可愛、呈波浪型、橫寬很寬、高度不甚高的建築物、巴洛克式建築、外表是深灰或黑藍色建築。

在疾病及身體上：代表耳疾、心臟病、水道系統的毛病，有關泌尿系統、腎臟、膀胱、尿道、陰道方面的疾病，以及疝氣、墜腸或腸疾、盲腸炎、十二指腸發炎，或糖尿病、與血液、淋巴有關之疾病、膀胱及腎臟結石等等，及腎虛、腎虧、陰虛、不孕症。

天同星加左輔、右弼，有雙倍的福氣，會有左右手同來幫忙增福，因此其人會更懶。一生事有天成，能安享，災禍能自然而然化解。

天同加文昌或文曲，要看昌、曲的旺弱而定福多、福少。**昌、曲居旺時能增福。昌、曲居陷時為『刑福』色彩**，會粗魯及刑財，福不全。

※天同是福星，本身不會化忌，天同遇忌星也能制化、災小，或化於無形。故庚年是太陰化忌、天同化科。天同即使陷落，制化的力量小、較福少，但仍有福，愛享福，會較懶惰，但有時會因懶而得福，少做少錯，災難也會過去。

天同入『命、財、官』、『夫、遷、福』等宮是自己好。自己性格溫和，少操勞、有家人、**親人為你操勞**，自己能享福。**入六親**

宮，家人和朋友也會親和力高，**但會為家人或朋友操勞。有羊、陀同宮，入命、遷或在三合宮位，易身體有傷殘，稱之『福不全』。**心境不清靜，易操煩，也易不善終，內心多險惡。**天同會天空、地劫為『福空』或『劫福』**，會在巳宮或亥宮，易操勞或享不到福，易做事不易成。**天同、天空、地劫三星同宮時**，會在巳宮或亥宮，根本無福，易早亡，或遇災而亡，無貴人搭救，也無工作能力。

天同本身沒有桃花，只是自己愛撒嬌，喜歡享受別人的疼愛而已。喜歡裝小、裝可愛。要看有無其他的桃花星是否同宮，才能定是否有桃花。有昌曲或左右同宮時會有桃花。

天同在大限、流年、流月中逢之，**無剋居旺時**，一切平順、享福，生活步調會放慢，喜歡享受悠閒生活，財運也會穩定，工作順利，但無太大發展。**天同居平無刑剋時**，也會為玩樂、享樂之事而勞碌。**天同居陷時**、無福、多是非或財運不濟。有『刑福』格局在大限、流年、流月之中，即使天同在旺位，仍是有不順，會刑財、破耗、有傷災不免。

天同入命宮的特質

凡天同單星入命宮時，居旺時，少年時面色白，老年時為微黃色、長方形面形，會微胖或肥胖，居陷時瘦弱或矮小，或矮胖。性溫和慈善、略通文墨，但不一定愛唸書。若有煞星沖破，為『福不全』，主孤單、破相。**若與陀羅同宮**，有眇目、羊白眼、斜視、駝背縮腰之表相。**有擎羊同宮時**，手足傷殘或眼瞎，帶病延年。

天同女命居廟旺者，無剋可一生安享、生活無慮，相貌美麗、秀氣，有刑剋者，易再嫁，或靠人吃飯，或落入風塵。居巳、亥宮者，雖生活富裕，但對宮有陷落之天梁相照，易有邪淫桃花，人生會有起落。

天同是福星，入命宮，即使再多凶厄，亦能平安度過，此為『福蔭聚、不怕凶厄』。但仍會身體或錢財有傷。

天同坐命的人，是福星坐命的人，必須要享福，勿太操勞，才能享福。如果太奔波或太辛苦，便無福，亦多凶災、不吉。天同坐命的人，一生的努力沒有別人多，是隨緣而定的人，也適合過輕鬆無壓力的生活。也不適合爭權奪利，是順其自然，黃袍加身的人。若太過權弄，則傷自身的福氣，會福不全矣！

第二節　天同的格局

天同的格局

1.『水澄桂蕚』格

此指天同、太陰同宮在子宮的命格。子宮為水宮，此命格清澈、性格清朗，不計人間是非，為忠諫之材，可為監察御使，能為高官，做清要之職，一生清白守正，為富貴忠良之士。也適合做醫師、輔相或學術研究，藝術研究人才，有名聲顯要的人生。

2.『馬頭帶箭』格

同陰在子宮為遷移宮，在午宮為命宮，有擎羊獨坐的命格稱之。因同陰在子宮居廟旺之位，環境富裕平和，擎羊有衝勁，可力拼殺敵，威震邊疆，因此有同陰的環境十分重要。在一片溫和、沒有競爭的狀況下，凶悍的制服、壓制周圍的人而出人頭地。在其他宮位的狀況則不是此格。

3.『機月同梁』格

『機月同梁』格在每個命盤格式中都有。但命格是天機、太陰、天同、天梁坐命的人，因本命之『命、財、官』就坐在『機月同梁』格上，故會做薪水族、上班族、公務員、易吃公家飯、工作穩定、生活無虞，故稱之。

4. 天同會吉壽元辰

天同和六吉星同宮或相照，能增壽，故稱之。『壽元辰』是指六十歲為一甲子，故至少會活到六十歲以上。

5. 同月陷宮加殺，重技藝嬴黃

天同、太陰在午宮居陷，加殺星，指擎羊在命宮，是必須要有技藝在身，才能生活的人。因為天同、太陰、擎羊三顆星都居陷位，人窮，生活不順利，必須有技藝在身，才能生活得下去。其人是瘦弱、面色羸弱發黃的人，有饑餓之像。

6. 同梁巳亥多浪蕩

天同及天梁在巳、亥宮坐命的人，因坐於四馬宮，易浪跡天涯，為隨遇而安的人，故多為船員或四海為家之人，如藝術家、貿易經商之士，心境較自由，不受拘束，也無法固定或安穩的待在家中或在同一個地方待很久。此二命格的人，也易桃花多，性格溫和，不易拒絕別人，感情生活易複雜。稱之男浪蕩女多淫。

7. 女命天同必是賢

因女子為天同坐命者時，多乖巧聽話，凡事沒有意見，在古代認為此為賢慧的性格。在今日會認為太懦弱無能，但一般人還是喜歡其溫和平順的性格的。

8. 『明珠出海』格

空宮坐命未宮，在丑宮為天同、巨門相照，並有左輔、右弼相夾丑宮或未宮者，稱之。在未宮的空宮中，如果進入文昌、文曲、擎羊、陀羅、火鈴、劫空等星，只要有『陽梁昌祿』格者，皆可為『明珠出海』格。但坐命丑宮為空宮者不是此格。

有『明珠出海』格的人，是古代招贅駙馬，有學識、又能靠裙帶關係平步青雲的人。在現代，也是具有讀書的能耐，成績好，由富貴之家的女兒看上，能娶嬌妻，藉由妻家而發跡，平步青雲、具有地位的人。此人多半出身貧寒之家，後來的成就高出父兄很多，故稱『明珠出海』格。

第十一章　天同的形式

天同的形式首先分為單星和雙星的形式（如同陰、同巨、同梁）。其次再分為無剋或『刑福』的形式。

第一節　天同單星的形式

天同單星形式出現時，會在『紫微在寅』、『紫微在卯』、『紫微在辰』、『紫微在申』、『紫微在酉』、『紫微在戌』六個命盤格式中出現。

因此天同會在酉宮、戌宮、亥宮、卯宮、辰宮、巳宮為單星的形式。**天同會因所在宮位的不同而有旺弱之分**，在巳、亥宮為居廟，在卯、酉、辰、戌等四宮都是居平位的。天同也會因對宮相照的星曜之不同，或對宮相照星曜的旺弱，而對其本身趨吉避凶或富裕程度有變化增減。例如天同坐於卯宮，對宮相照的太陰居旺，較富裕，財多一點。而天同坐於酉宮，對宮相照的太陰居陷，較窮，環境不富裕，也影響天同福少、享受少一些。天同在辰、戌宮時，對宮的巨門皆是陷落的，多是非、災禍，天同也會福少很多，也會窮或不富裕，多遇災難。

天同單星獨坐時，會在卯、酉、辰、戌、巳、亥等宮出現。以**在巳、亥宮居廟**，福最厚，無剋時，一生平和，無大災難。其財帛宮為空宮，官祿宮為機巨，若能具有高學歷，做文化層次較高的工作，或是和高科技有關的工作，會大有發展，也易做船員、教書、貿易經商之人，此命格無論做何工作，都會到處奔波、四海遊走。命格受剋、懶惰沒工作能力的人，也會到處玩樂，靜不下來。夫、遷、福等宮有化忌進入的人易不婚。遷移宮有天梁、地劫、天空同坐的人也易不婚。

天同在卯宮居平時，因對宮的太陰居旺，故桃花強、有人緣，生活也較富裕平順。易懶惰、愛談戀愛，周圍的人都對他好，對他寵愛體貼。其人常為玩樂而忙碌，人生的打拚能力也不足。其財帛宮是巨門居旺，官祿宮是天機陷落，故一生無大志，只求溫飽和玩樂而已。在運程上逢之，屬於平順、愛玩，稍富裕，有能力去玩，較休閒的運程。

天同在辰、戌宮居平時，因對宮有居陷的巨門相照，一生多是非，有災禍不吉之事發生。而且生活層次不高。命格中有『陽梁昌祿』格的人，仍會因有稍高的學歷而生活稍好一些。無此格局的人，易遇窘困之生活。其父母宮是武破，表示幼小家窮，其人的財帛宮是天梁居廟，官祿宮是機陰，會有人幫忙介紹工作，而有薪水階級、上班族的工作而得衣食。一生努力，亦能在中、老年時，生活漸好。

天同在酉宮居平時，因對宮的太陰居陷相照，表示一生不富裕、財少。周圍人對待他也感情薄弱、較冷淡。其人也會較不聰明，反應慢。其財帛宮是巨門、官祿宮亦是天機陷落，易不工作，靠人養活，打拼能力差，但朋友運還好，會結交地位高、有錢的朋友，且夫妻宮是天梁居旺，會有年紀比他大的配偶照顧他。

『天同、擎羊』同宮的形式

天同、擎羊同宮的時候，是『刑福』的格局，因此易有身體上的傷殘和病痛，也會短壽，是『福不全』很嚴重的形式。『天同、擎羊』在那一宮，那一宮就有傷殘現象。在『命、財、官、遷、福』出現時，易無工作能力。在夫妻宮出現時，也易不工作，及有傷殘之配偶。在父母宮時，無父母或與父母分離無緣。在兄弟宮、子女宮皆有傷殘之兄弟及不孕或有傷殘之子女。在田宅宮無房地產，易住險惡之地及破舊之房屋，家中多災難。女子有此田宅宮時，易不孕或失去子宮。

命格中有『天同、擎羊』時，易不善、無福、多疑神疑鬼、內心多掙扎、多煩惱思慮，且一生難平順，易窮、工作能力不好、做事也不易成功。亦會懶惰，不理正事，反而耍些小陰小險過日子。

當擎羊居陷時，其人會懦弱、陰險。當**擎羊居廟在辰、戌宮時**，是擎羊在主導一切，會好爭鬥、計較，但即使爭到了也不會是好事。因為無福、刑福的關係，且相爭中有傷剋過重的現象，會付出過大的代價而得不償失。在運程中有此格局時，要小心傷災，會造成傷殘問題，也易多耗財、不順，勞碌無所得。

『天同、陀羅』同宮的形式

『天同、陀羅』同宮也是『刑福』的形式。會慢和笨，頭腦不靈光，心中多是非糾纏，內心悶，不願意和人溝通或說出來。其人在身體上也易有傷殘現象，有眇目、羊白眼（眼珠在兩旁、不在中間）、鬥雞眼的現象，也易有駝背、縮腰、羅鍋現象。也會有手足傷災、破相、牙傷，身體有痼疾。**當『天同、陀羅』在財、官二位**

時，易不聰明、錢財不順利、拖拖拉拉，工作有起伏，會做粗重、層次低的工作，賺錢少，不會理財，錢財上常耗弱。**在遷移宮時**，環境中多溫和的笨人或頑固的人，自己也會特別頑固和笨，也會做粗俗的工作，賺錢不多，或工作不順。**在夫、福二宮時**，是自己內心笨而福少，也會嫁娶到笨又無多大能力之配偶。**在父、子、僕等宮時**，父母、子女、朋友皆是溫和又笨的人，易有是非埋在心中，不說出來，親屬關係不算太好，但勉強可過。**在田宅宮時**，財庫有破洞，易漏財、耗財、存不住錢。房地產是外表舊而不整齊的，也易賣掉。**在運程上逢此『天同、陀羅』時**，要小心腳踝扭傷、鈍傷，這是溫和、懶惰又笨的運程，凡事也做不了太多、太好，但會勞碌很多，專做些徒勞無功之事。

『天同、火星』或『天同、鈴星』同宮的形式

『天同、火星』或『天同、鈴星』的形式也是『刑福』的形式。**在巳、亥宮出現時，易與黑道有關**。入『命、財、官、遷、福』時，其人都會外表溫和，但性格衝動而壞事。也會外表粗俗，思想混亂，正事做不好，易喜邪門歪道之事。其人頭腦有古怪的聰明，易自做聰明及投機取巧，但都得不到利益。會有突發事件，有傷災、耗財，或突發病症，也是『福不全』的現象。**在財、官二宮時**，進財會有一票、沒一票的進，熱鬧時、好運時，進一點財，但財來財去很快，一安靜下來就無財進。反而是耗財很快的現象。**在六親宮時**，易不合，有衝突，對自己無助益。

『天同、地劫』或『天同、天空』同宮的形式

『天同、地劫』同宮是『劫福』的形式。『天同、天空』同宮是『福空』的形式。此二者皆是無福及『刑福』的形式。會用腦不多，思想不實際、清高，對錢財看淡，也會不重視工作，或對事情有奇怪的、不同於常人正常的看法。凡事會天真、想得美好，幻想多而不實際，無法得到或掌握到真正好運。但只有一個天空或一個地劫和天同同宮時，會有時有福，有時無福。頭腦清醒時就享受到福氣，頭腦糊塗時就無福。其人易懶散，或愛玩耍，或什麼都不做而浪費時間。尤其在運程中，就易浪費時間，常做不成事，或做些沒有意義之事，對人生無用。

『天同、天空、地劫』三星同宮時的形式

『天同、天空、地劫』三星同宮時，會在巳、亥宮出現，是子時或午時生的人會遇到的。此形式代表『福份全空』，是『空空如野』的狀況。在『父、子、僕、兄、夫』等宮都代表沒有父母、兄弟、子女或朋友、配偶。此形式入『命、福』時，其人頭腦空空、糊塗，一生一無所成，隨波逐流，或靠人過日子，也易入空門、宗教安身。此形式在遷移宮時，易短命，遭災而亡，長不大，沒有生存空間。在財、官二宮時，沒有工作能力，也一生對錢財不在乎，其人煩惱並不多，沒有錢也不愁，生活自由，但易靠人生活。在運程中遇此形式時，表示會糊里糊塗的過日子，一無所成，也易失去工作、錢財，但要小心三重逢合（大運、流年、流月、流日皆逢此運時），會有性命之憂，是『半空折翅』及『浪裡行船』格，易性命

消亡不存。

『天同、祿存』的形式

『天同、祿存』的形式是溫和、小氣、吝嗇、有衣食之祿，但沒有大財，也不算有錢的格局。其人易孤單，人緣不佳、保守、內斂、膽小、怕人欺負，因有『羊陀所夾』，故與家人不合，父母、兄弟皆凶。其人從小會孤獨的長大，其人也易做人養子，以繼續生命。此形式在『命、財、官、遷』等宮，皆表示有衣食，但不富裕，生活形態保守，不太與人來往，會工作穩定，賺足夠自己花用的錢財。在工作上很穩定，會做很久不會換工作。但升官、升職機會也少。事業形態很守舊、做不大。**在夫妻宮**，代表有溫和、保守、小氣、人緣不佳、不喜與人來往之配偶。你本身也是內心保守，不想和人多嚕嗦的人。**在子女宮**，有子一人，女兒可多一些。子女也是保守、乖巧，但成就不大的人。**在福德宮時**，天生思想較保守、小氣，但會用溫和的方法處理事情，自己享用少，對別人和自己都小氣。**在田宅宮時**，只有一棟房子，家宅中不算富裕，是小康之家，有衣食之祿。房地產易是孤獨、獨棟、鄰居少的房子。你的家人溫和、保守，易獨來獨往，少和人親密。

『天同、文昌』或『天同、文曲』同宮的形式

『天同、文昌』同宮時，在巳宮，天同、文昌皆居廟位，代表美麗、溫和、斯文、氣質好，文化水準高，易形成『陽梁昌祿』格，有此格局者，是聰明、精明幹練，能在文化水準高的環境中生長、努力，能自然而然的讀書工作，平順的得到財富。在亥宮，文

昌居平，文化水準也略低、斯文程度也略少。但能形成『陽梁昌祿』格，有此格局的人也能做文質工作，生活順利，無此格的人，會做普通人，財少一些。但仍會福多、愛享受。

天同居平、文昌居廟、居旺時，在酉宮、辰宮，是外表斯文，勞碌一點的人，也會對文藝有興趣。玩樂較文雅。為人稍精明，計算能力好，也會理財。

天同居平、文昌居陷時，在戌宮，是非多，外表粗俗，脾氣不好，理財能力不佳，易窮。此亦是『刑福』色彩的形式。

天同、文曲同宮時，代表有桃花和口才的福氣。天同的旺弱代表福氣的多寡，文曲的旺弱，代表人緣桃花、口才和才華的多寡。**因此雙星居廟時，在巳宮**，是桃花多、人緣好、口才佳、才華好、多才多藝，也賺錢稍多，會平順得財。周圍始終是熱鬧滾滾的狀沉，運氣極佳又平和、溫暖。**在酉宮、辰宮、卯宮、亥宮時**，文曲都居旺，也會口才好、人緣好，有才華，但易油腔滑調，有時好運易煙消雲散。**在戌宮時**，文曲居陷，是口才不好，是非多，不平順、人緣不佳，也沒有才華，易笨拙，較窮的形式。

『天同、左輔』或『天同、右弼』同宮的形式

『天同、左輔』或『天同、右弼』同宮的形式是『輔福』形式，亦稱『助福』形式。福氣會增加雙倍，亦會自然而然得福。有平輩貴人助福。一生中也多遇貴人幫忙，自己不必太操勞，故其人會較懶，等著別人來幫忙做事。有此格局固然是好，在重要關頭，有人在臨門一腳的時候出現助力，凡事自然而然可獲得成功，掌握企機。但在平常時刻，其人多半懶得動，非到萬不得已才動一下。

也會常漏失好運機會，因為不積極的原故。所以命格中、命盤上有此格局時，要鞭策自己動起來，這樣『輔福』與『助福』的力量才能發揮，否則此形式只會在有麻煩或災難時，狗急跳牆時，你才會想到要用。平常時刻，你只覺得有人幫忙解決些小事就滿足了。**此形式在運程中出現**，也能幫忙你升官、加薪，生活舒適。**此形式在『命、財、官、遷、福、夫』等宮**，都有貴人運來幫忙，是平輩人來幫忙，十分好運。**在六親宮時**，家人和樂，十分有助力。**在父母宮時**，易幼年為別人帶大，但後來和父母也親密，父母對你百依百順，像朋友一樣對你幫助多。**在田宅宮時**，有人幫忙你買房子。但你也易與人共同擁有房地產。**在僕役宮時**，能和人平和的合夥做生意，用人得當。

第二節　天同雙星的形式

1. 同陰的特質與形式

同陰的形式是天同、太陰雙星並坐的形式，會在子宮或午宮出現，這是『紫微在巳』或『紫微在亥』兩個基本盤局格式之中會出現雙星並坐的星曜。在子宮時，天同居旺、太陰居廟。在午宮時，天同居陷，太陰居平。因此同陰在子宮和在午宮其意義相距甚大。在子宮會溫和、多財、享福、懶洋洋的。在午宮會瘦弱、窮困、財少、勞碌。

同陰同宮的意義是：福星與陰財之星、戀愛之星、感覺之星同臨，因此重視的是感情生活、精神層面的東西，和身體上的安穩、舒適的感覺。這些感覺無論是精神上的、或肉體上的，或現實生活細節上的，都如月亮之影響地球上的潮汐一般，是有規律性的、早晚起伏的、或一個月一次起伏的。他的財祿也是如此有規律的在起伏變化著。因此會做薪水族，以領月薪的方式很安穩、不貪心的生活著。

同陰剋應：

在人的方面——為公務員、領薪水的人、銀行行員、金融機構職員、會計人員、幼稚園老師、遊樂場管理員、房政機構職員、公司行號職員、資深職員、慵懶的女人、姨太太、情人、百貨公司專櫃小姐、化粧品販賣員、戲院賣票小姐、服飾店店員，長相俊美女性化的男人，長相美麗、豐滿的女人，愛享樂的女人，幼稚、可愛的女人，賣嬰幼兒、女性用品之店員、護士小姐。

在事的方面——代表會計事務、穩定的支出或收納錢財的事務、收稅之事、教書之事。有錢可拿又能享福、用勞力不多、輕鬆之事。有固定薪水、不煩忙的事務。和嬰幼兒、婦女有關之事。和感情有關的好玩之事。可懶惰又有錢拿的好事。可規律化有節奏感的享福之事。享受戀愛、吃喝的好事。屬於晚上的快樂享受。天真無邪的感情之事。快樂享受之事，每個月會發生一次的事情。

在地的方面——代表低窪有水坑的地方、小溪旁、美麗的井泉、有水塘的花園、水上遊樂場、水道密佈的地方、三溫暖休閒養生處所、面臨湖邊的旅館、陰暗的沼澤地、美麗的游泳池，有游泳池的旅館、飯店、渡假村、休閒民宿，能放鬆精神使人快樂的地方、舞廳、一般娛樂場所、小公館、酒店、溫柔女人多的地方。理容院，賣女性用品的商店、百貨公司。光線不足、能享樂的地方。美麗的墓園、陰宅。

在建築的方面——代表外表平和、普通，但裝飾較多，有彎曲曲線裝飾繁複的房舍。亦代表平房，及有窗花或有蕾絲窗簾的房子。亦代表巴洛克樣式之建築。亦代表橫寬、不高的優雅大樓。亦代表外型穩重、有灰黑或藍黑色外表的大樓、房舍。外表黑暗、神秘的建築。

在物的方面——代表嬰幼兒用品、玩具。零食、裝飾品、服飾、女性之髮飾、情趣用品，噴泉擺飾、泳衣、娛樂及健身用品。花園、涼亭之坐椅、躺椅，愛人所送之禮物、女性用品、內中有水的擺飾品。可愛的時鐘、有蕾絲花邊的臥室用品。衛浴用品、化粧品、遊樂設施、三溫暖、按摩設施等。花藝器材。

在疾病的方面——代表膀胱、水道系統的問題，主陰虧、糖尿病、疝氣、腎臟炎、膀胱炎、尿道炎、陰道炎、腸疾、心臟不規律、肝旺目疾、脹氣、濕熱下注。腎虧、婦女病、乳癌、子宮癌、子宮肌瘤，生殖系統的毛病等病。

同陰入命宮

當天同、太陰入命宮時，**在子宮**，同陰皆在廟旺之位，其人皮膚白、外表溫和、秀氣、美麗、豐腴、身材玲瓏有緻、阿娜多姿、有女性美。男子若是此命，也外表溫文儒雅、身材好、俊俏美麗、較女性化，有女人緣、桃花強、風流韻事不斷。此命的女子有慵懶的特性，也會有一種慵懶的美感。其人性情溫和，毫無衝勁和奮發力、愛享福。**在子宮時**，有福可享，命中財稍多。**在午宮時**，仍外表瘦弱、溫和、秀氣，但會性情較慳吝小氣、保守一些，這是命中財少的緣故。其人也會較勞碌、賺錢少。

同陰坐命的人沒有衝勁和競爭心，隨遇而安，因此喜歡做公教人員或薪水族在大公司中上班，很穩定，等著退休。他們也喜歡做穩定、少操煩的工作，適合做學術研究、圖書館管理員，或在醫院上班，或是做藝術設計方面的工作。命格高時，能做政府清要之職的高官。

同陰坐命的人愛談戀愛，愛享受感情所帶來的福份，美麗而多淫，但其夫妻宮為空宮，有機梁相照，喜歡聰明才智高又會照顧他的情人。夫妻宮為空宮，是感情空茫的狀況，常看不清戀愛對象，或不重錢財，感情不利。女子易為偏房，做小。有些女子為了享受而做小，但又另外養小白臉，來滿足戀愛的空虛，因此易受騙。**同陰坐命的男子**，也喜歡有人照顧，會找富裕的配偶或情人，但如果情人家世弱財少，或不能容忍其桃花多的感情糾葛，便也感情不長久。此命之男子，是得女性之助而成功的人。

同陰坐命午宮的人，會較瘦，身體不好、財少，較窮、不富裕，但仍愛談戀愛，而戀愛更易不順了。因本命中天同居陷、無福，太陰居平，財少，在感情方面也不順暢，付出的感情少，較冷淡。但又希望別人多付出，收支不平衡，故感情更易不順。

同陰坐命的人，財帛宮是空宮，有陽巨相照，官祿宮是機梁，是名符其實的『機月同梁』格在『命、財、官』的三合宮位上。故其人命中的財是要工作才有的財，也是衣食可溫飽的財，沒有大財。但同陰坐命的人有偏財運（壬年、癸年生的人除外），父母宮是武貪，故有『武貪格』，在丑年、未年能暴發，能多得錢財，其父母是有錢、但不能瞭解他，與他心性不合的人。

同陰坐命的人一生很平順，很少大好大壞，縱使有偏財運之好運或廉破及天相陷落等的惡運都能平順度過，沒有太大的心喜與悲憂，這是因為他們是福星坐命的人，以及他們的人生形態是關心感情戀愛之事，有足夠的衣食享受就可以了，對錢財並不太看重之故。

同陰坐命的人，只和兄弟姐妹友好，其他方面與家庭、六親關係都不算好，尤其婚姻問題不算完美。子女宮是廉破，易不生子女，或生殖系統不佳、不孕。或生頑劣不好教養之子女。他們通常對子女懶得管，順其自然，只要不來麻煩他們就好了，等到發現子女不乖時，為時已晚。

同陰坐命的人，本身是天真浪漫的人，本身就有小孩子的個性。有些人性格甚為幼稚，喜歡別人來照顧他、捧著他，因此他是很少能照顧別人的人。命宮有天同化權、太陰化祿的人較性格稍強硬一些，能有威嚴及自然而然的掌權，能有成就。命宮有太陰化權的人，或有天同化祿的人，會有擎羊在命、遷二宮出現，會刑財、刑福，或刑官，其人較好競爭、心機多，但勞碌，財並不會增多，反而對己不利，身體一定會有問題，感情也更不利。

家中會誕生同陰坐命的人，是家中正值承平時期，父母在打拚一段時間後想略為休息一下。**若生到同陰在子宮坐命之子女**，表示家中正富足，錢財夠用，父母感情正深，是柔情蜜意下所生之子女。因此子女更帶財福來，**生到同陰在午宮的人**，表示家中還不富裕，或父母財運要走下坡了，父母的感情不算親密，也可能是不小心懷孕的，因此所生之子女身體較弱、不好養，夜晚好哭，幼年多病，幼年所受之關愛也少。子女所帶之財福也少，只有衣食而已。

同陰坐命的人，天生就是要享福，要享受美好事物，喜歡長相美麗的人，故極重視情人外貌，是外貌協會的人，有時為了經濟問題而屈就，也會在別的桃花中得到滿足。

同陰的形式

同陰雙星的形式

同陰是福星與陰財星同宮的形式，代表天生有福、愛享福，有田宅，喜歡存錢和買房子，但其田宅宮是天相陷落，表示房子常存不住、錢財也不易存住，多半花掉或享受掉。因此其人有固定的薪資，就可過得很富足了。同陰坐命的人多半家庭有問題、不平靜，多是非災禍。但其人能穩定平安的度過。命裡財多的人，會按部就班、步步高升。命裡財少的人，其人也會存錢，在緊急時花用，因此同陰坐命的人，即使天同福星陷落，但仍有福可享，不會傷害生命的延續。在子宮入『命、財、官』及『夫、遷、福』時，皆是『機月同梁』格的人，錢財、事業可順利，是一般的財，不宜做生意，因為工作中所賺之錢不會太大。在午宮入『命、財、官、夫、遷、福』時，也是必須賺薪水財的人，你本命的財更少了，更不能做生意，以防欠債。**行運逢同陰時**，也是在子宮，能享樂，有戀愛機會，錢財豐裕，生活愉快。在午宮時，享樂少、戀愛不順、較勞祿、錢財易拮据，生活不算愉快。因此在子宮的同陰是好運，在午宮的同陰運不好，會窮又享不到福。

『同陰、祿存』的形式

同陰、祿存的形式，**在子宮時**，祿存會把同陰的享福的福氣和財祿變小，享受變成保守、小氣，享福不多的型式。把得到的錢財也變得保守和小一些。因此實際上祿存會規格化或限制了同陰的財、福。若入命、財、官、夫、遷、福等宮時，其人會保守、小氣、吝嗇，做事畏首畏尾，因有『羊陀所夾』的關係。因此『同陰、祿存』同宮的財局格局，是比『只有同陰』同宮的形式財少一些、財小一些的。其人在感情上，愛情上都會節制變少。在人緣關係上，也不易與人親近。

在午宮時，是同陰居平陷加祿存。此是窮的格局加祿存，故是比只有同陰在午宮時略好一些。至少衣食能充裕足夠了，但仍不利感情。其人也會明顯的慳吝、保守、懦弱，少與人來往，人緣關係不佳、頑固、捨不得吃穿，也對別人用情少。當『同陰、祿存』在午宮時，有兩種狀況：

一、**是丁年生的，有天同化權、太陰化祿、祿存在午宮**，天同居陷帶化權，掌權無力量，好管而管不了。太陰居平化祿，錢財仍少，是少少的薪水之資，但有流動、能周轉的狀況，再加祿存，有衣食之祿。這是同陰在午宮形式中較有工作能力，也能過到小康生活的形式。在工作上也能稍有成就的形式。但成就不會太高，出名則可，無大利可言。

二、**是己年生的人，只有同陰加祿存在午宮的形式**。此形式會較窮，只有衣食，但不富裕了。而且性格吝嗇、賺錢少，人緣保守、不佳，為孤寒之人，戀愛機會也會少了。

『同陰、擎羊』的形式

『同陰、擎羊』的形式是『刑福』、『刑財』、『刑官』的形式。其人會身體不好、破相、有傷災，多思慮，精神耗弱、內心陰險、多謀略、好爭鬥，但對己不利。這就是財福遇小人打劫、劫殺的命格，故其人一生勞碌、享不到福，常操煩，想要的得不到，得到的又不滿意，常挑剔、不滿足，而且自己易把自己的生活搞亂、多是非及災禍。其人也容易四肢無力、心有餘而力不足。

『同陰、擎羊』在財帛宮會刑財，無福享受財、賺錢少，辛苦賺不到，徒勞無功，或不想工作賺錢。在官祿宮會刑官，事業不好、做不長，或不工作，事業不順利，常懶洋洋，提不起勁來，久而久之就不工作了。在六親宮也都有刑剋、不合。但『同陰、擎羊』在子宮時，因福厚、財多，擎羊還不一定刑得完，故仍會留有一些財，其人會勞碌多一些而已。在午宮，本命就窮，又遇刑剋，故窮困更甚，也多傷災。大運、流年、流月、流日三重逢合時，便有生命危險了，易遇災而亡。

『同陰、火星』或『同陰、鈴星』的形式

『同陰、火星』或『同陰、鈴星』的形式，也是刑財、刑福的形式。福星和財星都需要平穩、平和、沒有紛爭，才財福多。火、鈴代表爭鬥和衝動，且火、鈴五行屬火，而天同、太陰五行屬水，是水火相剋的狀況，故易有意外之災，傷災、流血、開刀、病災之

事，或耗財、失財之事，很多事都和水火有關。**在子宮時**，因同陰居廟旺之位，財福多，火、鈴居陷位，傷災凶，但同陰的財福強，承受得起耗損，故只有一點難過與衝動而已，問題是有，但不算太嚴重。**在午宮**，同陰的財福極弱，火、鈴居廟位、猖狂，是以火、鈴在主導運氣，故災禍的變化大，時好時壞，也會古怪、有怪病或怪事發生，對原本不富裕的生活更造成極大的拖累與牽制。災禍較嚴重，其人脾氣也會暴躁和粗俗。

『同陰、天空』或『同陰、地劫』的形式

『同陰、天空』的形式是福空、財空的形式。『同陰、地劫』的形式是劫福、劫財的形式。只有一個天空、地劫同宮時，劫空的力量是有，但不嚴重，那是你精神或思想上的問題，能修正過來也能

改善成不空、不劫或少空、少劫。

在子宮，同陰居廟旺，遇空劫，因財福多，劫不完、空不完，故財福仍多，但易有意外或突發之念頭而耗財、劫福。福和財都享不久。**在午宮**，同陰居平陷之位，財福本來就少，再遇空劫，會更空，更無福。其人會腦袋空空又衝動，沒有金錢觀念及理財觀念，不重財，自然享不到福了。

※凡空、劫與同陰同宮，無論在子宮或午宮，都會意識清高，對錢財觀念薄弱，理財能力有瑕疵，對桃花感情較空泛，以在子宮較輕微一些，在午宮較嚴重一些。

『同陰、文昌』或『同陰、文曲』同宮的形式

『同陰、文昌』同宮的形式，**在子宮**，**文昌居旺**，會增財、增

福，其人會精明幹練、工作能力好、計算能力好，重視利益，為人斯文、文化素質高，也會長得漂亮、英俊、受人敬重，衣飾裝扮整齊、高雅、氣質好，討人喜歡。其人在事業上之發展也會好，會理財也賺錢多，生活水準高，能享受之福氣也是高格調之福氣。

在午宮，文昌居陷，會刑財、刑福。其人易頭腦不清、外表較粗、不斯文，不會理財、計算能力不好、更窮，做事亂七八糟、工作能力不強，勞碌而賺不到錢，外表衣飾邋遢、氣質粗俗、人緣不佳、生活水準低、無福可享，易靠人生活。

『同陰、文曲』同宮的形式，**在子宮**，會口才好，增福、增財，其人桃花多，好享齊人之福，能靠桃花賺錢，異性緣特強，能靠異性得財，享福多。但很可能不愛工作，靠異性生活。**在午宮，文曲陷落，桃花少**，口才差，是刑福、刑財形式，其人才華少，也無法靠異性得財，會勞碌無福可享。其人也會外表較粗、較寒酸。

『同陰、左輔』或『同陰、右弼』的形式

『同陰、左輔』或『同陰、右弼』的形式，**在子宮**，都是增福、增財的形式，能增加享福和穩定度，也有平輩貴人幫忙增財，使薪水、工作穩定得財容易。左輔的幫助是男性平輩貴人之幫助，也是寬宏大量，不計得失之幫助，沒有條件的幫助。而右弼的幫助，是女性平輩貴人之幫助，會保守、有條件的、先規劃成自己人才幫助，因此有自私、管束、霸道的意味之管束。

『同陰、左輔』或『同陰、右弼』都是桃花增強的格局形式。故桃花加倍，其人會更懶，尤其在子宮，其人因有人幫忙增福、增財，自己就可安享，而懶得動了。**在午宮**，同陰居陷，較窮，再加

左右時，會更窮，加倍窮，有人幫忙窮，故不吉。但有桃花，因此在午宮的此形式，易做妾或吃軟飯之男伎靠人養活。

※左輔、右弼是五行屬土之星，在子宮水宮，土性弱，故左輔、右弼之功能會較弱（在申、子、辰宮都較弱）。在午宮火宮，火土相生，故在午宮較旺，幫助也大。但同陰在午主窮困，有左右相隨，則幫助有更大之窮困，而不吉了。

2. 同巨的特質與形式

同巨的形式是天同、巨門雙星並坐的形式，會在丑宮或未宮出現，這是『紫微在子』或『紫微在午』兩個命盤格式中會出現的星曜。無論在丑宮或未宮，雙星都是居陷位的，表示外觀還溫和，但多口舌是非嚴重，麻煩不斷、騷擾不斷，有時問題雖不大，但易心煩意亂，凡事不順。

同巨同宮之意義是：福星落陷與暗星隔角煞同宮，無福可平亂，本身能力不強，會用是非口舌來掩蓋自己的無能。亦會懦弱、欺弱怕強，一生在是非中過日子。

同巨剋應事物

在人的方面——代表能力不強的人，也代表外表溫和但是非多的人。更代表小人，及密醫、道士，以口生財之人，醫師、符仔仙，以仙道、道觀為生之人，乩童、算命師、靈學從業者，精神醫師、小吃店老闆、賣藝雜耍之人、金光黨、騙子、散播是非之人，緋聞受害者、看守墳墓的人、神壇代言人、廟公、小偷、小盜、好吃懶惰之人，多嘴多舌之人，有問題的幼稚園老師。沒份量之人，走失之人。

在事的方面——代表口舌是非之事、緋聞、不經證實之事、口耳相傳之事、好吃但不一定好吃之事、多嘴多舌之事、麻煩之事、丟東西遺失的物品之事、孩童或老人走失之事、竊盜之事、偷雞摸狗之事、雜亂沒法度之事、沒知識受災之事、陰暗見不得人之事。沒有份量，不急但繁雜之事。排場大，但食物做法粗、不好吃之事。想快樂卻快樂不起來之事。誹聞、流言之事，掃興之事，天真又愚笨之事。同居沒名份之事。

在地的方面——代表低窪陰暗的角落、雜亂陰暗之處。代表陰廟、暗溝、不祥的墳墓、破損的墳墓之地。也代表髒亂的小吃店、是非多之地、被查封的土地、破舊的廣播電台、不高級的三溫

府相同梁
《下冊》

暖、店舖、低級的舞廳、表演場所。雜亂的休閒場所、暗泉之地、沼澤之地、不見陽光之地、雜亂的小溪旁、暗處的水坑、破落的遊樂場。曾發生事故的水邊或遊樂場。陰惡有漩渦的流水、想輕鬆快樂、又高興不起來的地方。陰暗的花園。有鬼的地方、下水道、夾道、窄橋。

在建築的方面——代表外表普通、不好看、多瑕疵、危險又正在使用的建築。代表周圍溝渠多、圍繞起來的建築。代表在陰惡少人跡的水邊建築。代表陰暗不祥之建築。亦代表陰廟、靈骨塔、忠烈祠、家祠之建築。還代表外表殘破、或外觀醜、外觀是黑黑灰灰、不起眼之建築、無用之建築、蓋了一半荒廢之建築、設計不良之建築、令人討厭的建築、房舍。曾發生危險意外的房舍。欲傾倒之房舍、斜塔。

在物的方面——代表神壇祭祀之物、香火之物、鬼魂之物、水晶球、法器、五穀雜糧、食物原料、餿水物、動物飼料、門牌號碼、電話機、戶口名簿、通水溝的工具、浴室打掃工具、壞了的玩具、記錄陰暗事情的記事簿。符籙、瀉藥、陰廟的門、招領之失物、傳聲筒。擴大器、登報作廢之證件、貨車、肇事車等。

在疾病的方面——代表氣管炎、心臟病、哮喘症、腸胃問題、痔瘡、脫肛、膀胱及腎功能不佳、皮膚病、目疾、濕瘡、頑癬、濕熱傷肝、氣脹、脾胃的毛病，貧血、暗病、不明病因的病、痼疾、性病、性無能、中耳炎。

同巨入命宮

天同、巨門入命宮時，一生口舌是非多，易犯小人。自己容易招惹是非口舌，自己愛講八卦閒話，別人也愛來招惹你。其人個子不高，女性較豐滿，男性較瘦小、或肥胖。其人常賣弄些小聰明，讓人誤以為他很能幹，等到把事情交給他做，又讓人出乎意料的一塌糊塗。其人是嘴上功夫了得，愛貪小便宜，但實際易為無用之人。主要是因為同巨坐命者的財帛宮是空宮，官祿宮是天機居平，表示只有小聰明，本命財少、智慧不高，只會投機取巧，沒有大智慧，也沒有擔當重任的能力和氣魄，只喜歡貪些衣食享受的小便宜，便能滿足了。也因為他們的僕役宮是紫微，交友上很勢利眼，喜巴結有權勢、富貴之人。因此他在與人交往時，是很政治化的，一定要結交或攀附比自己權高財多的人，以此來增加自己的利益。同巨坐命者，多半有較富足的父母，父母宮是武相，因此也能從父母處得財。其人的夫妻宮是太陰，表示配偶是薪水族的人，且注重談感情，會表現羅曼蒂克的一面。同巨坐命的人是很挑剔情人或配偶在愛情或感情上的表現的，總愛唸唸叨叨的數落情人或配偶的表現不合甜蜜的標準或缺乏情趣等等的瑣事。他們喜歡別人來哄他，像照顧小孩一樣的照顧他，更須要配偶有察言觀色的能力，不用他講出來，就能立即反應及表現出親密體貼的動作出來。

同巨坐命者，若財、官二宮沒有羊、陀、火、鈴、劫空、化忌等星進入時，其人也能有固定薪水的工作，而且工作是熟人、長輩介紹的，一生也能平順，雖無太大的成就，但能做一個普通人，無災無禍的過一生。

若有上述煞星入財、官二宮之內的人，便容易成為無用之人。會靠家人過日子，無工作能力。

同巨坐命的人，若在命格中，能形成『陽梁昌祿』格的人，會讀書，能參加考試，或因讀書好，在學術機構有一席之地位，其人一生的運程也會順利，命格層次會較高。

同巨坐命的人，若是癸年生、命坐丑宮的人，命宮有天同、巨門化權、擎羊入宮，其人會有先天性身體殘障現象，有脊椎骨傷殘的問題，會經多次開刀的痛苦。其人也易壽短。若命坐未宮，命宮是天同、巨門化權，遷移宮有擎羊相照，會因後天性的傷災而致身體傷殘，也會有手足及脊椎骨的傷殘現象。只要能注意是可以躲過的。

同巨坐命者，外表溫和，內心愛多想、多是非，。怕擔負責任，他們自己也覺得自己沒那麼大能耐去扛很多事，又容易和人比較，怕少享了福氣。而實際上天同居陷，就享不到什麼福了，巨門也居陷，是非災禍也就多了。這就是福星和暗星同宮時，相互激盪所產生的問題。

※**同巨坐命的命格是無法形成『明珠出海』格的**。只有遷移宮是同巨，其命宮是空宮居未宮，再有左、右相夾命宮或遷移宮，才算是真正的『明珠出海』格。當然，命宮的空宮內即使出現擎羊、陀羅、火星、鈴星，或文昌、文曲雙星並坐的狀況，也都算格局純正了。具有『明珠出海』格的命格也有高低之分。同時具有『明珠出海』格及『陽梁昌祿』格的人，會因讀書有成就，有貴人提攜，有貴命，而享受榮華富貴，或靠妻家、裙帶關係發達，這是古代被選為駙馬榮登皇族的階梯。在今日，

也能娶得名門貴胄之女而榮發。若只有『明珠出海』格，而沒有『陽梁昌祿』格的人，人生層次較低，但也能靠配偶之關係，或長輩貴人之提攜，生活過得好。但其人的知識水準是不見得會高的。所娶之妻室，及其幫助的層次也較差的。

同巨坐命的人，都是外表溫和、懶洋洋、沒有衝勁、表面看起來也很熱心、雞婆，好像人緣很好，但有事拜託他時，十件中只有一件會真的幫忙成功。但你也要小心所拜託之事會流傳出去，人盡皆知，因為他們會把這些訊息當做討好另一批人的籌碼。因此誹聞、八卦、流言是不絕於耳的。

當一個家庭中誕生了同巨坐命的人時，表示此家中正有一些小麻煩、小磨擦、小災禍在發生著，也許是家庭經濟不富裕的問題，也許是家中是非多、不和睦的問題。因此家中總是忙亂不斷，或常有爭執吵架的事情發生，也易家中父母不和、兄弟不親、相互有小鬥爭。因此其家庭狀況多半是小康或不富裕、略窮、或家族沒落的家庭。當然這也表示同巨坐命者出生時，家中狀況是不太好的，他們也會一生都在起起伏伏，和別人常有口舌紛爭，又爭不過的狀況下生活、生存。因此多半的人會懦弱、怕事、又愛惹事，又解決不了問題，煩惱多、愛發脾氣。他們發脾氣時，意思就是叫別人去解決問題的意思了。

同巨的形式

同巨同宮，是福星與暗星（隔角煞）同宮，福星陷落無福，暗星也陷落多是非、災禍的格局。此格局形式本身就在福星系列的星曜或格局中屬於層次最低，但不管怎樣，天同仍是福星，仍是會帶有溫和及懶洋洋、愛享福的特性，但因為暗星的騷擾，就會小是非、小問題麻煩不斷。同巨坐命的人，喜歡嚕哩嚕嗦、傳些流言誹語，喜歡計較小是非，常與人不和，又鬥不過別人，懦弱、無用。凡是命盤中有同巨的人，行運走到該宮位時，小則傷風感冒、四肢無力、心情頹喪、有口舌是非、流言傷害你的心情，繼而影響你的身體健康，看似小事，又讓你難過的如芒刺在背，受不了。大則考試、升官、進財失利，凡事做不成。一直要拖過那個同巨運程的時間時，才能略為舒暢一些。

同巨本身就是一個不算好、多是非、多磨難的形式，再加左右、昌曲、羊、陀、火、鈴、劫、空、化忌時，則狀況更不好，或更嚴重。現在就逐一敘述之。

『同巨、左輔、右弼』四星同宮的形式

天同、巨門、左輔、右弼四星同宮時，左、右二星幫助同巨的是更懦弱、是非更多，更為扶不起的阿斗狀態。**左、右同宮在丑、未宮的形式是『桃花格局』的形式**，再加同巨，就形成無用、靠人吃飯，或靠桃花來生活、生存的格局。此人容易落入風塵，做色情行業，或做妾、吃軟飯、靠異性生活。其人一生是非不斷，來幫他的人，也會是很快丟棄他的人，因此是被人經手無數，但沒有真正安定的生活，若再加上運氣的起伏，處境是堪憐的。若是此形式在命盤中其他宮位，而行運走到，則此運中會運氣差，但有異性桃花之事助你渡過，等到運氣轉好，那段桃花也消失無蹤了。

倘若此形式入命，對宮（遷移宮）有昌曲並坐，又有祿星（化祿或祿存）在巳、酉、丑、未等宮出現，能形成『陽梁昌祿』格

時，此人縱使能唸到博士學位，仍是以桃花、色情來依靠人生活的人。這種命格的人。也可能稍具學歷，並不一定會唸到最好，但外表斯文、美麗、賣相好，仍是靠桃花色情過日子，來享福的人。

『同巨、左輔、右弼』也是一個性格懦弱無用、懶惰的形式，會用是非糾纏的方式，來找對自己有利、能偷懶、能享福、享受的行為模式。因此命盤上有此形式的人，基本上已在其內在性格上注定有懦弱、愛偷懶、無用的內在因素在內了。

『同巨、文昌、文曲』同宮的形式

同巨、文昌、文曲四星同宮的形式，是桃花格局的形式。在丑宮，人會長得漂亮一點、斯文有氣質一點。更會精明很多。**在未宮**，其美麗及氣質都會略遜，也不算精明，但仍是算不錯的。此形式入命時，桃花多，人生形態就是桃花格局的形態，更愛享福、享受，有自己特殊的慵懶韻味。古時楊貴妃就是此命格的人。

倘若此形式入命宮，又有祿星，能形成折射的『陽梁昌祿』格的話，也能具有高學歷。更能以高學歷和長相，找到財多的異性來養活自己，使自己享受到富貴的生活。若沒有『陽梁昌祿』格的人，易入風塵、靠色情，或依賴異性過生活。

當行運逢到『同巨、文昌、文曲』運時，就是一個享福的懶運，桃花多，有異性桃花可依靠。不論對象好不好，你都會暫時依賴、靠岸，享受異性給錢生活，到了此運過了，你可能就要離岸分手了。

『同巨、擎羊』同宮的形式

同巨、擎羊同宮的形式有三種：

丁年生的人在未宮有天同化權、巨門化忌、擎羊，身體有傷殘現象，有脊椎骨之傷殘或心臟病、耳疾等問題。如果命坐丑宮，對宮有擎羊相照的命格，也是一樣，有先天性傷殘現象。其人性格懦弱，又較鬱悶、多想，也會有精神疾病、憂鬱症等等，一生是帶病延年，但生命不長。因為身體殘疾的關係，也無法工作，常會開刀、受病魔之苦，會依靠家人過活。這是出生時間不好，所造成的問題，也會不婚，或與殘障者結婚。因父母宮還不錯，故有父母支持、養活。此形式如果在別的宮位，也是不吉而無能的。

己年生，在未宮，有天同、巨門、擎羊，這也是刑剋格局，也易有傷災、病痛、四肢無力、頭痛、做事時凡事不順，有災禍發生。如果入命宮，亦為無用之人。如再有火、鈴在三合宮位或對宮出現，易自殺而亡。其人會性格衝動、多煩惱、想的多、無福，災禍多。本身沒能力，一生也難有好運。如果有『陽梁昌祿』格的人，還可以讀書略展才華，沒有『陽梁昌祿』格的人，易一生靠人生活了。

癸年生，在丑宮，有天同、巨門化權、擎羊，此形式傷災更嚴重，入命時，會身體傷殘，依靠父母家人過活。此形式若在疾厄宮的人，要小心脊椎骨、腎臟、生殖系統較弱，生育有困難。要小心內分泌、淋巴、甲狀腺等問題，亦會與父母緣淺。有此形式在財、官二位時，也要小心上述病因。行運逢到此形式時，要小心傷災、車禍問題。

『同巨、陀羅』同宮的形式

『同巨、陀羅』的形式，是甲年、庚年生的人會遇到的。**庚年生的人，是天同化科、巨門、陀羅，因天同居陷**，化科力量也不強。陀羅也是是非、災禍，故此形式有雙重是非、災禍，而無福。

此形式入命宮時，其人會性格悶悶的、笨笨的，表面溫和、悶聲不吭，但內心想得多，內心多是非，容易不相信自己家人而相信別人，容易吃虧上當，其人身體上會有一些毛病問題，也易有傷災、骨折，或壞牙狀況，駝背、縮腰，嚴重的，會有羅鍋現象。這要看八字是否刑剋傷殘嚴重的程度而定了。凡此命格者，也多得不到好的照顧，因福德宮是陽梁、擎羊，是『刑蔭』及『刑官』格局，故在工作上也無大能力，工作會斷斷續續、不長久。

『同巨、火星』或『同巨、鈴星』同宮的形式

『同巨、火星』或『同巨、鈴星』同宮的形式，也是刑剋極重的形式。火、鈴會刑掉陷落的天同僅僅剩餘的一丁點福氣，其人會衝動、勞碌，精神狀態不好，脾氣急躁，常不能思考，易受傷災而傷殘。其人也易性情急躁而想不開，如果三合宮位再有擎羊三合照守，或在對宮相照，則易突發自殺或死亡事件。同巨坐命的人有小聰明，有火星同宮時，更喜歡耍小聰明，有鈴星同宮時，會耍更古怪的聰明。其人一生急急忙忙的，很匆忙，但做不了什麼事情。而且易遭突然發生之災害，要小心。如果是行運逢此形式，也要小心突發災禍，易有水災或火災，是火水相剋之災害。

『同巨、天空』或『同巨、地劫』同宮的格式

『同巨、天空』或『同巨、地劫』同宮的形式，都是經過是非、麻煩、嚕里嚕嗦的事情之後，而事情成空的狀態。**倘若此形式入命宮**，表示其人溫和、懦弱，還思想清高、純潔，不太想得多，其人也會是非少一點，麻煩事少一點，但不麻煩，也得不到財。因此本命中財更少了。有時他們也不想靠別人過日子，想自己打拚，但也總是自己不瞭解自己的能力有多少，常幻想多，而心有餘而力不足。其人也容易做白工，或是希望太大，失望也大。其人因財帛宮也有另一個地劫或天空，故手中錢財常空空，因此其人命中財少，也會常不工作，需要靠人接濟渡日。可尋找好的配偶來養活。

行運逢此形式時，麻煩會少一些，但也一事無成。

『天同化權、巨門化忌』同宮的形式

天同化權、巨門化忌同宮時，如坐丑宮，其對宮必有擎羊，如坐未宮，則有擎羊同宮。此形式的意義是無數是非爭鬥、刑剋、起起伏伏，但能存活。只有在三重逢合之時，如大運、流年、流月皆逢到此運，才會全部的刑剋聚為一點，而遭災失敗或致死。雖然俗稱『權忌相逢』是雙倍的刑忌，也是化權仍能增強陷落的天同的福運，但仍抵不過巨門化忌和擎羊的凶惡。巨門化忌是雙重的是非刑忌，再有擎羊刑星一同來刑剋時，有血光凶災，也易凡事不成。此運中如出車禍，會得不到賠償，如果開刀，則易失敗，對病情無幫助，也可能喪失生命，或因病而亡。並且還會與醫生或醫院有糾紛、扯不完。

『天同化祿、巨門』同宮

天同化祿、巨門同宮時，這是丙年生的人會遇到的狀況。是圓滑、愛享福，是非多的形式。其人較懶，但時常有些小運氣可偷到懶，仍是會被人叨唸、被人嫌，但其人自己能自圓其說不在意。當行運走到『天同化祿、巨門』運時，能在忙中偷些小懶，或忙中抽空去享受一下吃喝的快樂，這仍是一事無成的運氣，也不會有什麼大志向、大發展的運氣。

『天同化科、巨門』同宮

『天同化科、巨門』同宮時，這是庚年生，命盤格式是『紫微在子』或『紫微在午』的人會遇到的狀況。因為夫妻宮有太陰化忌，所以其人好像是很有方法自己享福，但內心不平靜、內心多想、多煩惱、多是非。其人內心的感情狀態是古怪的，也會喜歡古怪的東西，其人會情感不順，也常看人不順眼，自己也看自己不順眼，其實其人也享不到什麼福氣。常容易自己找自己麻煩。其人容易不婚，或找到財少、有錢財困擾又脾氣古怪的配偶。若是行運逢此形式，生活中的問題仍很多。你會自己很挑剔、東嫌西嫌，但自己又不一定想出手來解決。只會動嘴來嫌，但卻不出手去做事。因此是個光說不練的傢伙。

『天同、巨門化祿』同宮

『天同、巨門化祿』同宮時，是辛年生人，入命時，會口才好、甜言蜜語、好吃、喜美食、人緣好，喜以口才結緣，但仍多口舌是非，可以口才化解。也會做與口才有關之行業。此命格之人縱使有『陽梁昌祿』格，因有文昌化忌的關係，也不易走上會讀書及高學歷之路途。在人生中也易常改行或換工作。因此人生層次不高。也會在年輕時或中年稍賺一點錢，老年困苦多病、不順。子女宮好的人，可靠子女養活。其人仍是動口不動手、光說不練、愛享福，及慵懶的人。

3. 同梁的特質與形式

同梁的形式是天同、天梁雙星並坐的形式，會在寅宮或申宮出現，這是『紫微在丑』或『紫微在未』兩個基本命盤格式中會一起同宮出現的星曜。**在寅宮時**，天同居平、天梁居廟。**在申宮時**，天同居旺、天梁居陷位。因此同梁在寅宮或和在申宮出現，意義是不一樣的。**在寅宮**，會較勞碌、愛做事，但貴人運、長輩運較好，不過其人仍是天性溫和。愛享福的人。**在申宮**，會較懶，無長輩照顧，無貴人運，愛玩、重視享樂，但又不見得真的享受到什麼天大的富貴之樂。因此給人的感覺只是發奮力不足，有點像扶不起的阿斗，貪一些懶惰及小孩子式的玩樂享受罷了。因為在申宮的同梁是天同居旺的，故以天同為主。而天同是小孩子星，故入命格時，其人會較幼稚，較孩子氣，是一種得不到父母良好的照顧的小孩，容易任性、自以為是、心智成長不高，常永遠停留在小孩子的階段。故愛玩、吃喝，做一些小孩行徑的動作或生活態度。**在寅宮**，同梁是天梁居廟的，故較老成持重，多計謀、攻心計、外表忠厚、內在多謀，但也具有溫吞水的好脾氣。其人容易得人提攜，但長輩或貴人容易對他要求嚴格或要求多，因此其人能有較高的成就。但因為個性中仍有太龜毛、太注重小節，受其困擾，也會限制了自己的發展。

同梁同宮的意義是：福星與蔭星同宮，在寅宮得蔭，在申宮得福，福蔭都是經由先人、祖先、父母、長輩長期的經營聚福、聚德、為善，做人純良、無凶、無惡，長期保留下來的福德，最後加諸此一人之身，由此一人彰顯出來家族精神中的好德行的。但是人類的社會是不重視德、也不重視善福的，故同梁坐命的人，在家中或在外面都容易受欺負，大家都會嫌他性格太軟弱，其實他是會有自己獨特一面的堅持的。

同梁的剋應事物：

在人的方面——代表溫和、好脾氣，但自有主意的人。代表老師、褓姆、幼稚園老師、教書或教授才藝的人，代表中醫師、做公益或慈善事業之人員，代表宗教團體之人員、和尚、尼姑、法師、神父、牧師、傳教士、寺院主持、執事等。亦代表小吃店之老闆、遊樂場、電影院之董事或老闆，負責人或監督管理人員。娛樂事業之老板或從業人員。亦代表公司行號資深或新進人員，玩具店之老板、裝飾品部門或百貨公司的女性職員、水上遊樂園中的工作人員、開放參觀之花園之工作人員。亦代表有小孩脾氣的人，或老成持重、能得人信任又愛聊天的人。宗教道場之人。練氣功的人。精神疾病治療師，諮詢人員。亦代表年輕的男子，或年紀大的女性長輩朋友。

在事的方面——代表與吃喝玩樂有關之事。亦代表小孩子幼稚之事，或代表老成有謀略之事。慈善事業機構之事、教育、教書之事，宗教信仰之事、中醫院治療之事，好說大話之事、能假借神佛上帝勸人向善之事，亦會假借斂財之事。生活穩定之薪水族之事、做老師、教授學生之事。代表朋友人緣桃花之事。可以輕鬆偷懶、不必太重視之事。

在地的方面——代表寺廟、道場、教堂、宗教場所、祭祀的地方、慈善機構、育幼院、老人院、安養院、中醫院、別墅區、娛樂場所、電影院、遊樂場、水上遊樂園、水族館、自助餐廳、小吃店、素菜館、佈施、救難場所、靠水邊的名勝古蹟、有大庭園的寺廟、學校、公園用地，休閒養生的醫院、園區、旅館、民宿，能使人放鬆愉快、玩樂、有吃有住的地方。有小湖泊的高原或高山的地方。有噴水池的豪宅大院、高山上之小溪流旁。美麗、祥和的墓園，或格局小巧，但寧靜安詳之墳墓。水榭、閣樓之地。有水環繞之高地。

在物的方面——代表照顧嬰幼兒的用品、玩具、零食、主、副食品。逗弄嬰幼兒的玩具及裝飾品，教育幼兒的啟蒙書或教具、學校、教課書、學習知識的資訊教材、一般人健身及娛樂用品、保養及養生用品、食品，糊狀的保養品、化妝品或食品，中醫整骨用之器材，宗教用之護身符及法器、慈善之捐贈品、中醫院之藥材、遊樂園之器具、衛浴用具，教鞭、學校法規公佈欄，拜神、祭祀之物。

在建築的方面——代表平和、普通、老舊、暗土黃色之建築。也代表安靜祥和古老的宗廟，或祖先留下之傳統古舊風格的建築。亦代表外表是黑暗、神秘、有宗教色彩、神佛庇佑的建築，如古廟，或古建築等。亦代表外型穩重、祥和、安靜之民宿型，講究養生、有鄉村景色之建築。亦代表外型不高，呈橫寬、或平頂式的梯形建築。有水環繞之高樓。

在疾病的方面——代表脾、胃不佳、淺腹、反胃、胃中多水，或內臟多濕、不易排出、腹水過多，易有糖尿病、腎臟病、肝腎不佳、腿腳浮腫、肝旺、濕熱、皮膚病、泌尿或內分泌系統不協調、膀胱較弱、腎虧、目疾、耳病、心臟較弱、疝氣等問題，是體內水土不能調合之病症。

同梁入命宮

當天同、天梁入命宮時，**在寅宮**，天同居平、天梁居廟，其人膚色較黃，較膚色深，外表溫和、體形橫寬、身體是扁形的。**在申**

宮，天同居廟、天梁居陷，其人膚色較白，膚色淺，外表溫和，體形身體是圓的，身體前後較厚。

同梁坐命的人，都有慵懶的性格，**但坐命寅宮的人**仍勞碌，因天梁居廟的關係，要照顧許多人，同時也被許多人要求，多半是父母、長輩、上司要求，因此他們不得不忙碌，雖然也常想休息一下，但也閒不住。此人即使休閒一下，也忙著去玩，來去匆匆，仍很忙碌，好像也沒休息到。**同梁坐命申宮的人**，因天同居廟、天梁居陷的關係，是真能享福而不管別人，不喜被人管或被人照顧，本身也不會照顧人的人。因此同梁坐命，在寅宮或在申宮，因主星的旺度不同，除了外表溫和之外，幾乎是兩種不同命格和命運的人。

同梁坐命的人，有溫和的個性，但不表示他們沒有脾氣，不但有脾氣，還固執得很、倔得很。他的內心自有主見，因為父母宮是武殺的關係，父母容易是個性格剛直粗魯、完全不顧他的感受的人。同梁坐命者從小就聰明自持，表面看起來好說話，其實內在性格很硬，同梁坐命的人，天生就是要享福和要享受照顧的，若父母較愚笨，給不了他舒適、安祥的照顧，他就要發脾氣了。他的生活是有規律性的，因此其人的父母從小嬰兒期便能感受此人的頑固，和要求合乎他的生活品質。

家中會誕生同梁坐命的人時，主要是這一對夫妻（同梁坐命者的父母），正處於生活稍微穩定的狀態。例如有工作、有一定的收入進帳，能衣食溫飽，或生活略為充裕一些，但並不表示父母是有大財的，或有大財可進的。父母是薪水族或公務員的境遇。同梁坐命者的父母宮是武殺，就表示父母正辛勤努力打拚，並不十分富裕，只是有衣食而已。而父母在受孕的時期是正處於有點安樂享福或輕鬆愉快、有些懶散的狀態。因此會生下這麼一個表面上與世無爭、溫和，似乎是發奮力不足，或是外表不夠強勢堅定的小孩。

同梁坐命的人，大多須要用金或水來做喜用神。用金是其人性格有懦弱、軟弱的一面，要增強其性格，使其挺起來或有主見、有擔當。用水做用神，是命格土燥稍過度，影響了腎水受剋，會眼目不好、腎虧、影響生育等問題。

同梁坐命的人，夫妻宮是巨門居旺，私下裡口才好、內心也多智謀、內心想法很多，對人對事也很挑剔，表面不計較，但計較在心中。十分聰明，但往往有是非牽連，或內心不平衡，而影響了自己的成就。

家中若出現同梁坐命的人，也會是家中經過長期的混亂、磨難，或窮困、爭鬥之事，而有了一個結束或修養生息的時候，好輕鬆吐一口氣了。因此同梁坐命的人出現，對其家庭來說，應該是一件好事，平撫了家人辛苦紛亂的心境。

同梁坐命的人，財帛宮是太陰、官祿宮是天機居廟，表示其人本質非常聰明，智商高，因『命、財、官』三方受『機月同梁』之影響，心情起伏大，會受情緒的左右及月亮的圓缺影響，而在事業、功課，或所想發奮的事情方面有高低起伏。心情好、運氣好的候會進步較多，心情不好，運氣就差、就懶惰、不想動了。

財帛宮是太陰，代表其人可用之錢財和月薪有關，亦可能和女性、陰性、雌性有關，更可能和房地產、或和銀行存錢有關。所以同梁坐命的人幾乎都是做公務員和薪水族的人，命格太差的人就不工作了。而財多財少的問題，則是太陰居旺時，薪水較多，且可留存，好存錢，能在銀行中有儲蓄。因為當財帛宮的太陰居旺時，其人的福德宮的太陽也是居旺的，是『日月皆旺』的格局，其人性格也會寬宏，有恢宏的氣度，能在事業上得到主貴的發展。

同梁坐命申宮的人，財帛宮是太陰居陷的人，則具有『日月反背』的格局，其福德宮的太陽也落陷，其人所賺的錢財是少的月薪，其人一生在性格上有較沈悶，有志未伸、受壓抑、不開朗的狀況。在事業上的發展也不算順利，也容易有人生晦暗的時期。其人一生在性格上有較沈悶，有志未伸受壓抑、不開朗的狀況。在事業上的發展也不算順利，也容易有人生晦暗的時期。因此同樣是同梁坐命的人，而人生的運程和運氣就截然不同了

同梁坐命的人，既屬於『機月同梁』格，其人生的重點就在於家庭和生活了。倘若六親關係不好，有刑剋時，其人的人生就會亂七八糟而痛苦了。同梁坐命的人，父母宮是武殺，表示父母較窮，

是為財辛勞的人，且父母性格剛直強硬，會不瞭解子女，也易和子女（同梁坐命的人）無緣。同梁坐命的人雖溫和，會無父母緣或長輩緣。**命坐寅宮的人還好一點**，因命宮中的天梁居廟，還能和關係不深厚的、外面的、女性的長輩，能照顧到他，是偶獲照顧的貴人運。其人小時候，父母雖不瞭解他，會對他凶，但仍會多照顧他一點。他也仍會和父母及自家人保持一定的親密度。**命坐申宮的人**，因本命宮的天梁居陷，從小和父母無緣及刑剋，一生和長輩關係不佳，也從小得不到父母的照顧，自然其人所受到的教育會不好，教育程度易不高，再加上其人較懶、愛享福，更未必會讀好書，故人生成就也不高了。

同梁坐命的人都會和兄弟相和睦，因兄弟宮是天相的關係，若兄弟宮是天相、擎羊，則有『刑印』的格局，兄弟則是懦弱，又有時凶悍不講理，兄弟關係也會不佳了。其人夫妻宮是巨門，表示夫妻間多是非，很可能在結婚之前就是非多，結婚之後仍是問題多多，而且配偶口才好，其人爭不過配偶，只好讓他。其人子女宮，是廉貪，表示子女易是懦弱無用或品行不佳的人，也容易先上車後補票。因為同梁坐命者本身性格外在表現軟弱，會溺愛放任小孩，再加上所生之子女皆會是較強勢命格的人。同梁坐命的人對小孩是完全沒辦法的，會順其發展，未來子女也會不把父母放在眼中，予取予求。我們也可看到同梁坐命者的田宅宮是空宮，有廉貪相照，因此其人一生都有家宅不寧的狀況，家中配偶掌權管事、較凶，要不然配偶也懦弱，小孩的地位也較高，只有同梁坐命的人是委屈求全、辛勞為家庭的人，家中地位也最低，任勞任怨過一生，要不然就家中交給配偶，家中之事他不管，而喜歡管外面的事了。命中桃花多的人，也會家中有悍妻或悍夫，而自己仍偷偷摸摸的在外組小公館了。

總之，同梁坐命者之命格高低，完全要看八字帶財、帶官之好壞、多寡才能定其人一生之富貴及成就高低了。

同梁坐命的人，最怕有天空、地劫在命、遷相對照，則其人會頭腦空空，或有古怪的聰明，但遷移宮遭空、劫侵入，易不工作，人生無用，或偏向宗教、寄身空門，難有好的發展了。同梁坐命的人怕甲年、乙年、丁年、庚年生的人，命運會不濟。**甲年生的人**，會有太陽化忌在福德宮，會頭腦不清，一生多換工作、職業，起伏不定，身體也不好。**乙年、庚年生的人**，財帛宮有太陰化忌，錢財不順，也易不工作。**丁年生的人**，夫妻宮有巨門化忌，也會頭腦不清，內心多是非糾結，又固執、頑固，易不婚或嫁娶頭腦不清、是非多或好吃懶做、沒能力的配偶，感情不順，有家庭問題嚴重的狀況。

同梁的形式

『天同、天梁』同宮的基本形式

當宮位中只有『天同、天梁』的基本形式時，是福星和蔭星同坐的形式，要看是福星居旺，還是蔭星居廟，並以此來斷定其人得到的是福，還是蔭。在申宮時，是福重的人，其人一生都能化厄呈祥，也能為周圍的人帶來福氣，其人是因為環境中定有不順利的事物，才會誕生此人來平復災禍的。自然此人是性格穩定、緩慢、動作慢、好享福的，也知道如何能享到福。家中只要有此人在，便一切大小凶惡之事皆能化解。命宮中若有天同化權的人，更有強力致福於家人和周圍人的能力，不過其人的夫妻宮有巨門化忌，表示其人的內心糊塗，又多是非。好管閒事，不論該不該他管的事，他都要管，因此福星也會操勞。

命宮是蔭星居廟的人（命坐寅宮），是有陰庇、蔭庇的人，能得到上天神助而平順，或在功名上有主貴的成就。其人更能照顧人、幫助人。其人是順應環境需要，環境中有人須要幫助或家庭需要幫助而誕生此人來救助的。因此其人一生都忙碌於他人之事或照顧他人之事。

同梁同宮，沒有陀羅、火鈴、劫空、祿存同宮時，就是最好的福星或蔭星之主福或主貴的格局形式了，這樣才能真正發揮福力和蔭庇的力量。這樣對人、對自己才有用。

同梁、陀羅的形式

同梁加陀羅的形式，是乙年或辛年生的人會遇到的。**在寅宮**，是乙年生的人，此形式是天同居平、天梁居廟、陀羅居陷，表示會『刑蔭』，**如在命宮**，其人會笨笨的、悶悶的、話不多、做事慢又拖拖拉拉、頭腦不好，也不喜人管，因此貴人少，也不想親近貴人或長輩。自然命格無法主貴。其人的福德宮是太陽、擎羊，一生易鬱悶，身心不開朗，也易工作起伏不順。家中父母亦是較窮或劫財之人。是真正無法得到好的照顧了。**在申宮**，是辛年生的人，此形式是天同居旺、天梁居陷、陀羅居陷，表示主要是『刑福』的形式。如果在命宮，其人也會笨而無福，父母也會窮，其人也會眼睛有疾或瞎、身體不佳、人生晦暗、事業運不好，因福德宮有太陽陷落和擎羊所致，其人也易在戊年自殺。

『同梁、陀羅』如果在財帛宮，就是財運為『刑福』或『刑蔭』的問題，也會影響工作不力，而財運不好，一生較運蹇。如果**在官祿宮**，就是事業運是『刑福』或『刑蔭』的問題，更會在工作上做不好，而影響財運不濟，因其外在環境是太陽、擎羊，是『刑官』格局，一生都無較大發展。

『同梁、火星』或『同梁、鈴星』的形式

同梁、火星或同梁、鈴星的形式，也都是『刑福』或『刑蔭』的形式。有火、鈴同宮時，其人會脾氣性格古怪、衝動、暴躁，有怪怪的聰明，也會不走正途，喜走旁門左道，或貪快速而一事無成。

同梁坐命的人，或同梁在財、官的人，就是要發揮福力和佈蔭

給別人，如果受到刑剋而不發福力或蔭力，則自己也為無用之人，自己也得不到好處了。同梁在財、官二宮的人，表示錢財和工作是和福人或貴人介紹有關連的，因此要多找這兩種人才會平順。有火、鈴同宮時，則福人和貴人不易遇到，或碰到了，一下下又走了，沒幫到忙。

『天梁、天空』或『同梁、地劫』的形式

『同梁、天空』的形式是福空、蔭空的形式。『同梁、地劫』是『劫福』或『劫蔭』的形式。況且空、劫會在寅、申宮相對照，故當命宮是『同梁、天空』時，其遷移宮是地劫獨坐。當命宮是『同梁、地劫』時，其遷移宮是天空獨坐。表示都是頭腦空空、用腦不多的人，其人性格會清亮、純潔，也不喜管他人之事了。也會清高

不愛財，易往宗教發展。此人若是有婚姻，有配偶的管教督促，有家累的逼迫，仍能稍努力一點，做些事。如果未婚或離婚，則一生起伏無用。

此形式如果在財帛宮，則本命財少，其人清高，多做慈善之事，也能糊口，要有婚姻，才有人養。此形式如在官祿宮，也是要有婚姻，才會有工作、有事業。否則一事無成，也易靠人過日子。

『同梁、祿存』同宮的形式

同梁、祿存同宮的形式，其人的福、蔭都保守、小氣，施展不開，也會家人不和，易受欺侮。本命財少，只有衣食溫飽而已。**在寅宮**，是甲年生的人，其人的福德宮有太陽化忌，父母宮有武殺、羊，表示和父母刑剋很凶，易被送人做人養子女。其人也會頭腦不清，工作易起伏不順，或常換職業。**在申宮**，是庚年生的人，本命有天同化科、天梁，表示很有方法享福及偷懶，其人的財帛宮是太陰陷落又化忌，易窮困、財運不佳。其父母宮也是『武殺、羊』，也易做人養子女，一生都不富裕，也易不工作，或無工作。

『天同化權、天梁』的形式

※天同化權的意思是：自然而然掌握到權力和福力，是天賦領導力、天賦制化凶厄、災難之事，使狀況強力要變好。

天同化權、天梁的形式，是丁年生的人會遇到的。**在寅宮**，因天同居平，故帶化權，而無力，此形式表示好逸樂，貴人也好逸樂。表示當你休閒娛樂時，會有貴人幫助，做正事時，貴人相助少。

在申宮，因天同居旺，帶化權，有強力致福的能力，因此會把壞的、惡的事變好，自然在享福之事上也會強力要享福，又因為同宮的天梁是陷落的，故無長輩或貴人相助，這是其本人自己要帶福或致福給別人，故會較勞碌，愛多管事情，而且其人是有選擇性的來管，自然好做的事、容易的事，他會管快一點，不好做、麻煩的事，就慢慢來了。因此你會看到有『天同化權、天梁』坐命的人，常也是拖拖拉拉的，有些事並不一定愛管的，只要他願意管，就會帶福給那個人，也就一定能管好了。而且此命格的人夫妻宮有巨門化忌，表示他內心多糾結、多是非、多想，因此不是那麼快會出手做事或幫忙的，一定要對自己也有利，不會傷到自己才會幫。但有時他也會評估錯誤，或管一些不該管的事，把自己陷入不義之中，不過經過一番折騰，他也能脫身，只是心中更氣而已。

『天同化祿、天梁』的形式

天同化祿、天梁的形式，以在申宮，天同居旺帶化祿、加天梁陷落同宮的形式，才真正是福星帶財祿的形式，這是本命有財，因天梁是陷落的，故不是貴人財。但是就算是居旺的天同化祿，也表示是圓滑會享福，仍是不算是真正在財富上能增多的人。譬如你看在申宮坐命的人的財帛宮是太陰陷落、陀羅，表示手中仍常拮据，錢財不順又少，又拖拖拉拉不進財，又耗財凶，易入不敷出，其人財的源頭福德宮又是太陽陷落，故此人只是自己愛享福，會圓滑的，找到有利於自己享福的方式而已，並沒有貴人或長輩來幫忙他享福。因此其人好偷懶的成份多，運氣還不錯，官祿宮有天機化權，能運用機運在工作上有發展。也會在人生中有好運翻轉的機會。

※天同化祿的意思是：自然而然的享福。用圓滑、溫和、有人緣的態度把周圍的事情變好、變輕鬆、變成自己得到、擁有得多一些。也會有一些衣食上的享受，偷懶而不辛苦的享受，在財祿上並不見得可多得多少。

在寅宮，天同化祿居平、天梁居廟同宮，因此是溫和、圓滑一點，有貴人運、長輩運，本身計謀多、智商高，人緣不錯，但仍勞碌一些，會在事業上發展較好，會比前者更努力一些，但享福的運氣沒有前者好。仍能運用機運在工作和人生中創造新的好運機會和人生高峰。

『天同化科、天梁』的形式

『天同化科、天梁』的形式是庚年生的人特有的形式。

※天同化科的意思是：很有方法能得到自然享福的機會。以及很有方法使一切自然而然的變好。但這些方法是人為做出來的，仍不是天生自然的東西，因此有時候這些方法會靈驗，有時會不靈驗，故天同化科的力量不太大。其人會有氣質及做事能幹。

『天同化科、天梁』的形式**在申宮時**，天同化科居旺，力量較強，天梁居陷，還有祿存同宮，表示其人本身很保守，能很有方法把事情弄平順的，但會沒有長輩和貴人的幫助，而且三合宮位中有太陰化忌，會有錢財和工作，以及感情上之不順，其人內在思想有內向保守、人緣不好的傾向，所以常天人交戰，內心不平靜，只是表面維持溫和有氣質的態度和面貌而已。一生的運氣也並不好，內心較窮，常有窮想法、窮打算。

在寅宮，天同化科居平、天梁居廟，三合宮位中（財帛宮）之太陰化忌居旺，其人只是表面略斯文一點而已，會勞碌，內心多煩憂，錢財和感情及工作也常起伏，財運比前者好一些，本身若努力工作或讀書能主貴，要小心易改行或易換工作。其人有長輩運及貴人運，能靠貴人或長輩、上司提攜而有成就。

『天同、天梁化權』同宮的形式

『天同、天梁化權』同宮的形式，是乙年生的人會有的。

※天梁化權的意思是：強力要管事、要照顧。也份外有力量得到上天神明的眷顧與照料，因此在事業、功名上有機會站上最前面的位置。有天梁化權時也愛信教，或自以為是上帝、神明來照顧別人。

『**天同、天梁化權**』**在寅宮時**，是天同居平、天梁化權居廟，還有陷落的陀羅同宮的形式。這表示又笨、又強悍固執的愛管，又勞碌，但成果不一定好，仍有很多地方耗損、流失、遺漏掉，而且上天的助力也沒完全發揮，會愛管又管不好，白花了一些力氣。做事會用很笨的方法來做，會拖拖拉拉，會是非多、心情悶，像陀螺一樣原地打轉而誤事。在功名事業上的成就也不如預期的好。**在錢財上**，雖仍有長輩、貴人出力來供給，但長輩或貴人管得多，又用笨方法來管，你也不願意接受，故享受不多。**若在官祿宮**，表示會有長輩、貴人強力介紹工作給你，但不一定合你的意，你會反抗，但又反抗不了，形成拉鉅戰。

在申宮，是天同居旺、天梁化權陷落的形式，對宮有陀羅相照，表示環境很笨，很低俗、粗陋，你周圍的人知識水準不高，根本無法幫到你，你自己本身愛享福，福運好，你有你自己的原則和固執，常不想多管別人的事，你會挑好玩、不麻煩的事管一下。要負責任或要花精力多辛苦的事，你就不愛管了。**如在財帛宮**，表示環境雖不佳，沒有長輩及貴人幫助，他們是想幫而幫不上忙，但你自己有福運能平順，只是錢財不多，需節儉過日子而已。你會有固定的工作可有衣食溫飽。**如在官祿宮**，表示你在工作上常是愛管不管的，只想平順享福，輕鬆就好了。喜歡管一些玩樂之事，不想負大責任。你會固執的、堅守自己的原則，與人無怨、穩定的守在自己的職位上。因此你會是個與世無爭，但也不見得會是個重要的人。

『天同、天梁化祿』同宮的形式

『天同、天梁化祿』同宮的形式是壬年生的人所有的。

※天梁化祿的意思是：照顧及好處會形成包袱。因此會有帶有包袱的貴人運或長輩運。也會喜歡拜拜，偏向宗教，加香油錢、為宗教募款，藉以對宗教的貢獻來博得神明的眷顧、保佑。

『天同、天梁化祿』在申宮時，天同居旺、天梁化祿居陷，其人是靠自己的福運在生活的，靠貴人運或靠神明的心態是較少的，只是偶而想到而已。有時候其人也會覺得拜宗教、神明沒用，或貴人無用。其人容易有自己一套理論，若是有一天突然相信了那一位神明，又會極度迷信、無法自拔。

『天同、天梁化祿』在寅宮時，天同居平、天梁化祿居廟，其人是貴人運強，但貴人會有條件式的來幫助他的人。他本身也會想得多。當他幫助別人時也會有條件式的幫助人。其人在本命上就具有想要得到某些東西時，就必須付出代價的狀況。其人特別愛拜神，迷信宗教，深信宗教的力量會為他帶來富貴或事業運。但其人心態保守、霸道、自私，會組成小圈圈或小團體，只跟與自己有利益關係的人相往來，也易巴結權貴，做些委屈求全之事，但別人並不一定會真心相待。因此可說是：這是他自身心理的包袱，並不是別人的包袱。

天同、天梁化祿坐命的人，父母宮是武曲化忌、七殺，自幼家窮，也易送給別人做養子，但與養父母的感情也不見得親密。其人也易不婚，或婚姻不美滿，一生在錢財、事業上也不很順利，且易家中發生變故，家人或家中之事常變成他的包袱，難以脫身。

『**天同、天梁化祿**』**若在財帛宮時**，則是錢財上有包袱，錢財賺的是薪水的錢，**在寅宮**是別人介紹的工作，會有一點忙碌，但衣食無缺，常會受人之託而工作賺錢。**在申宮**，工作穩定，事少、錢也少，很輕鬆，貴人不會介紹什麼太好的工作給你，但你心中有抱怨也會做。因為你本身就是聰明有餘，但才華不多，能力也不算好的人。但薪水可按時發、衣食無憂的生活。**如在官祿宮，在寅宮**，代表工作穩定，會賺與神明有關的錢財，或是有貴人賞飯吃，工作忙碌、安祥，但需管很多雜事。**在申宮**，表示工作輕鬆，錢也不多，有時有錢賺，有時沒錢賺，工作不長，別人介紹的工作都財少，最好自己去找工作錢會稍多一點，你也會在工作上該管的不管，不該管的管一堆，自己又抱怨不已。

『天同、天梁化科』同宮時的形式

※天梁化科的意思是：很有方法的照顧，或很有方法的得到貴人運，亦會很有方法的得神庇佑來拜神。

天同、天梁化科同宮，是己年生的人會有的格局形式。

『天同、天梁化科』同宮時，在寅宮，表示外表溫和、穩重、斯文，有一點操勞忙碌，但貴人、長輩會很有方法的幫助你。此形式如在命宮，你的官祿宮是天機、祿存，故你雖能得到長輩及貴人很有方法的幫助、照顧你，但你的天生聰明是保守形態的，故也不會發展很大，你會老實的做薪水族的工作，不會有太大的衝勁去開創人生。

在申宮，因天同居旺、天梁化科居陷的關係，只是外形溫和而已，也得不到長輩和貴人有方法的照顧和幫助，你的前途發展仍不太好，因為你內心保守小氣，和家人也不和，一生錢財少，你會容易陷入一些爛桃花之中。

如果天同、天梁化科再加文曲化忌同宮時，在寅宮，文曲化忌居陷，會因口舌是非，或貴人雖很有方法照顧你，但貴人也會為你帶來爛桃花，為你惹煩憂、災禍，因此桃花對你來說，是個累贅、不吉之事。**在申宮**，桃花和貴人扯不清，但你仍會喜歡糾纏在其中。另一方面，你會利用古怪的、熱鬧的環境來替自己找一些用處不多的貴人。但你周圍也是熱鬧不長久，一陣子熱鬧，又突然安靜下來了。

如何觀命・解命

法雲居士⊙著

古時候的人用『批命』

是決斷、批判一個人一生的成就、功過和悔吝。

現代人用『觀命』、『解命』

是要從一個人的命理格局中找出可發揮的潛能，

來幫助他走更長遠的路及更順利的路。

從觀命到解命的過程中需要運用很多的人生智慧，但是我們可以用不斷的學習

就能豁然開朗的瞭解命運。

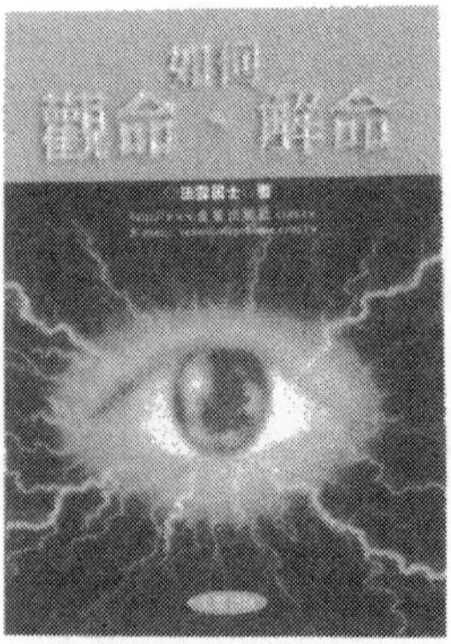

法雲居士從紫微命理的觀點來幫助你找出命中的財和運，

也幫你找出人生的癥結所在。

這本『如何觀命・解命』也徹底讓你弄清楚算命的正確方向。

第十二章　天同在『命、財、官』、『夫、遷、福』對人之影響

天同在『命、財、官』、『夫、遷、福』等宮所代表之意義與對人之影響是：

一、**表示你是『機月同梁』格的人，**天生以做薪水族較好，工作穩定就有錢賺。你會天生好命、有福享，做事順利，但發奮能力不太強。（這是和其他命格如殺、破、狼命格做比較的。）

二、**你會天生在性格中不會太計較、較溫和，性格中有清高、清**

亮的一面。能以主貴為主的格局來為人生加分。

三、你的人生形態會以感情或家庭為主。你會較重視人際關係、愛情或日常生活的瑣事，每天努力的方向是把自己周遭之事弄平順，讓自己能舒服過日子。

四、你也很懂得享福的意義是什麼，不會太要求自己做自己認為不可能之事。因為你縱然自認很辛苦、很打拚了，但你的辛苦與打拚也不足別人的一半辛苦和打拚，別人會認為你是很愛叫苦或愛偷懶的人。這是你和別人對事物的嚴重性和價值觀、以及體驗事物的程度、層次的認知不同的緣故。

五、你本身的磁場也會和別人不一樣。你會吸引較陰柔、較軟弱，或比你運氣差的人到你的身旁來。因為你本身屬於帶福運的人，天生就是有福之人，因此會吸引無福之人來靠近。

你也容易成為替別人化解災厄、否極呈祥的人。有福命的人，就要享福，要穩定，要知足常樂，如果太煩憂或太勞碌，口舌是非多，或受傷、開刀、血光災禍多，爭鬥不和多，則傷福、刑福，人生就會不順利或淒慘得多了。因此你要注意這一點。

六、天同是福星，是不帶財的，是安享，是不能有爭鬥、競爭心的，因此也會要求不多，得過且過，這樣慢慢的形成一股力量，自然而然的也會錢財順利，事業穩定了。倘若積極的營謀，反而是不好的事。

第一節　天同在『命、財、官』對人的影響

天同單星在『命、財、官』對人的影響

天同居卯、酉宮在『命、財、官』對人的影響

天同在卯宮或酉宮居平，對宮有太陰相照。表示此天同星是以感情、女性、錢財、房地產、薪水為重的人。

當天同在卯宮入命宮時

當天同在卯宮入命宮時，表示此天同坐命的人，是生活在富裕

又別人對他感情濃郁、體貼、情份多的環境之中的人，因此是個好命又富足的天同坐命者。其人會外表溫和、陰柔、多情、有女性柔美的特徵，人緣好、異性緣強、桃花多，喜談戀愛，或處處和人談感情、交情，凡事以情為出發點，是重情不重理的人。其人雖是『機月同梁』格，但官祿宮是天機陷落，故不會往工作上發展，其人易不工作，或工作職位低，做不長久，喜忙一些玩樂之事，重視娛樂和享福。也容易靠人過日子，自己不努力。其人的夫妻宮是天梁居旺，會有年長的配偶來照顧他的生活。

天同在酉宮入命宮時

天同在酉宮入命宮時居平，因對宮相照的太陰居陷，因此環境較窮，而且周圍人較冷淡，對他不算疼愛，其人也會桃花少，生活不富足。其人雖也是以感情來評斷人、事、物的，但感情不深，會心窮。其人也更會不工作，由年長的配偶來照顧其生活。

天同在卯、酉宮入財帛宮時

天同在卯、酉宮入財帛宮時，會因其福德宮（財祿的源頭）之太陰居旺或居陷，來顯示其人本命中財多、財少，雖然天同都代表溫和、平順的財運，也代表工作平順就有財進，但無大財。天同帶有『極普通』的意思，在財帛宮時，就表示是普通薪水的錢財，財不多。

天同在卯宮入財帛宮時，因福德宮的太陰居旺，財的源頭好，故其人本命帶財多，會有父母給錢，父母的財力較好，給的生活之資也較多，或者自己也能工作上賺錢較平順豐裕一點，但想發大財需有偏財運才行。

天同在酉宮入財帛宮，因財的源頭，太陰居陷，故手邊錢財少，容易靠長輩資助過日子，或長輩介紹工作來生活，薪水也不多。但持續做，會衣食無憂。

天同在卯、酉宮入官祿宮時

天同在卯宮入官祿宮時，其人能得妻財，也能有平順、不太辛苦的公務員或薪水族的工作，一生享福，工作平順，快樂的過日子。你手中的錢財不多，但有做，就有平順日子可過，不做事就問題多多了。

天同在酉宮入官祿宮時，工作可持續、長久做，但賺錢不多，會靠死薪水過活，事業發展不大，因為你的環境中就是太陽陷落，官星落陷，自然事業運是不強的。

天同居辰、戌宮在『命、財、官』對人的影響

天同在辰、戌宮居平，對宮有居陷落的巨門相照，因此表示此天同星是受是非、口舌、災禍、爭鬥影響的。天同福星，自然是受到刑剋的福星了。

天同在辰、戌宮入命宮時

天同在辰、戌宮入命宮時，其人周遭環境中多是非、爭鬥和災禍，易不平靜、多煩憂，家中會有一些問題，父母較窮，其人能靠貴人幫助錢財，或貴人介紹工作，慢慢積蓄，而老年平順。

天同在辰、戌宮入財帛宮時

天同在辰、戌宮入財帛宮時，因為你財的源頭，福德宮是巨門陷落，故你必須工作，利用聰明才智來賺錢。做薪水族，工作能平順，是奔波勞碌得財較多的命格。你也會有貴人或長輩介紹工作給你。你也會一面忙、一面玩的來賺錢工作。更容易把錢花在娛樂、遊玩方面支出較多，但也能稍存一些。有羊、陀、火、鈴、劫空、化忌同宮或相照時，易不工作，靠人吃飯。錢財也拮据。

天同在辰、戌宮入官祿宮時

天同在辰、戌宮入官祿宮時，你會工作平順，有時忙碌，忙碌中也有娛樂，你也容易中途中斷一些時候，再繼續工作。若是別人或長輩介紹的工作，你會做得久一些。你容易做公務員或大企業中工作，不會待在小公司之中。有羊、陀、火、鈴、劫、空、化忌同宮時或相照時，會不工作，靠人吃飯。

天同居巳、亥宮入『命、財、官』時

天同在巳、亥宮入命宮

天同在巳、亥宮入命宮時，是居廟的，但對宮的天梁居陷，表示你本身的福命強，是不需要貴人相助的，貴人只是擺在那裡好看而已。此命格的人，最好命、遷二宮都不要有權、祿、科、忌、祿存、陀、火、鈴、劫空等星出現，這樣才真正能有福命，也能用高知識來賺錢，得到較好的生活及擁有貴命，才會富貴都有。

天同居廟入命時，自己天生有福祿，不需要別人幫忙，也最好不要有別人來拖累。雖然他能帶福給別人，但環境中拖累多時，就是刑剋，既然刑福了，自然財祿也不多了。

天同居廟入命時，最好盤局上能形成『陽梁昌祿』格，這樣人生的層次能更高，再加本身的福命，能做太平宰相，造福更多的人，也能富貴以終。天同居廟入命時，外形太胖及太瘦的人皆不好，必命中有刑剋，只宜中等身材，不胖也不瘦，才是真正能享福，有智慧的人。天同的福氣是周圍的人看他溫和不爭，自然而然給他輕鬆、沒有束縛的待遇之福氣，也不會多要求他，因此有福。如果有祿存同宮，或在對宮相照，會限制及規格化了享福的程度及桃花，使享福和桃花變小及變少，因此不算好。

天同在巳、亥宮入財帛宮

天同在巳、亥宮入財帛宮時，表示進財穩定、平順，賺錢容易，會有固定的工作，易做公教人員，或在大機構中上班，是穩定的薪水族，進財穩定，也能儲蓄，且花錢用錢的方式是量入為出的，謹慎小心的。你對錢財的價值觀是穩重、不衝動的，凡是每花一分錢都會想好了才花，在理財上也會多尋求知識，因此在投資理財方面，也會慎重、不亂來。有陀羅、火、鈴、劫空、祿存同宮或相照時，財都會變少。

天同在巳、亥宮入官祿宮時

天同在巳、亥宮入官祿宮時，你會有穩定的工作，在熟悉之後，也能輕鬆應付。你是個薪水族的人，在工作上常有福星照臨，就算你想換工作，也會馬上有工作，不會中間停很久，因為你的心態很穩定，你自己知道你想要的是什麼工作，而且有自信能勝任。你不會異想天開的做你毫不瞭解的工作。你也會對薪水不貪心，按部就班的來，你會在工作崗位上待很久，除非是工作環境有變化，否則你是不太會換工作的。你的上司和老闆也會賞識你這種對工作忠誠的態度，而和你合作很久。你亦能在退休時領到不錯的退休金，以為你奉獻一生的報酬。**有陀羅、火、鈴同宮**，易做粗重、粗俗，和黑道有關之工作，或工作不長久。**有地劫、天空同宮**，不工作，靠人吃飯。**有祿存同宮**，會做保守、錢財不多的工作。

同陰入『命、財、官』對人的影響

同陰入命宮

天同、太陰在命宮同宮出現時，在子宮，無男女都是長相俊美的人。女性的身材會較圓潤豐滿。此命格的人，無男女也皆是具有女性柔美之女性化的氣質。也都異性緣很強。

同陰在子宮入命時，天同居旺、太陰居廟，故本命是福星和財星居旺同坐命宮的人，天生具有福祿，故愛享福、好享受，也愛談戀愛，男子有得女人之助而發財、發運的運氣命程。此命的女子感情並不順利，容易有兩種現象發生：一種是好享受的人，就容易做小，靠異性吃飯。一種是心態清高的，易和財不多、志氣高的人結婚，會為對方及家庭付出很多。

同陰坐命的人完全要看八字中帶財的多寡，才能定福祿的大小。命中財多的人，也會享福、生活水準高、不勞碌、衣食用度優質。命中財少的人，會勞碌、操心多，衣食用度品質不好。愛情也會不順利，無人疼愛。同陰坐命的人都愛撒嬌，但有的人有人疼，有的人沒人疼，這也是命中財多、財少的問題了。**當有擎羊同宮入命宮時**，會『福不全』，操勞、煩惱多、話多、挑剔多、一生勞碌，沒有結果，凡事多計較而刑財、刑福。本身之身體也易不好，有肝病、眼目之疾。**有火、鈴入命宮時**，是性情衝動、古怪而刑財、刑福，也會一生不富裕。**有劫、空入命宮時**，是性格清高，思想易超現實，不實際，也是劫福、劫財，福空、財空的格局，一生財福易成空，或不能多得。**有太陰化忌同宮時**，桃花少，或有古怪桃花。有錢財上麻煩困擾，也易改行，會頭腦不清、計算能力不好。

同陰在午宮入命宮時，是窮命格局，因天同居陷、太陰居平，是無福也無財的形式。其人長相瘦、溫和、軟弱、桃花少，因命中財少，內心窮，還會脾氣性格古怪。同陰坐命的人，因夫、遷、財、疾等宮皆是空宮，要靠對宮的星曜反照，因此其人一生茫然的時候多，也容易思想不集中，或沒有較強勢的主觀意識及意念。他們有時候會因心窮，以古怪的脾氣來當做自己有主觀意識，因此人生如浮萍一般。不過有固定的工作，則有衣食，易感情漂泊不順，更易做小，或與人同居，婚姻不正。**有擎羊同宮時**，身體不佳，多病，易不婚，命運坎坷，易有傷災、病災、開刀之災。一生也更窮。

有火、鈴、劫、空、化忌同宮時，命中財少，命更窮，身體不佳，也易遇災而命短。

同陰入財帛宮

同陰在子宮入財帛宮時，是手邊已有福有財的財運狀況。但你的財是薪水族，須有固定工作的財。你的工作會輕鬆，不必煩惱，多用腦子，只要天天去上班，人到了就能算是上班，就能領到錢了，不會有體力上的辛苦。你也會因人情關係去上班，賺薪水。錢財穩定，有一定的數量，衣食無慮。**有羊、陀、火、鈴、劫、空、化忌同宮時**，都是刑財、刑福的形式，故會賺錢少，工作會斷斷續續，或手邊常不順、拮据、缺錢，常有貧窮的時候。在丌作上也易遭人辭退。

同陰在午宮入財帛宮時，是手邊常鬧窮、不富裕、賺錢少的狀況。也要做薪水族，有固定的工作領月薪，才能略平順，有飯吃。你也容易工作中途中斷，或不工作，靠別人養活，**尤其是有擎羊、火、鈴、劫空、化忌同在財帛宮時**，一生都較窮，沒有翻身的機會，會拖累身邊周遭的人。

同陰入官祿宮

同陰入官祿宮，**在子宮**，有固定、穩定、薪水多的工作，容易做公務員、學術研究、教書工作、醫師、中醫師、服務業、金融業，或較文質的工作、文化業等。收入算是豐裕，工作形態也不太勞累的。**如果有擎羊、火、鈴、劫、空、太陰化忌同宮時**，你會不工作，或工作時期不長久，斷斷續續，賺錢方面，也是時有時無，有古怪現象，錢財也不那麼多了。

在午宮時，也能做公務員、教書或研究工作，或普通的上班族，但薪水不多，也較辛苦勞碌。**有羊、火、鈴、劫空、化忌同宮時**，易不工作，或找不到工作，自己努力也不足，易靠人吃飯。

同巨入『命、財、官』對人的影響

當同巨出現在命宮、財帛宮、官祿宮時，表示你是『機月同梁』格的人。必須做薪水族、上班族才會生活平順。其實同巨的三合宮位中，一個是空宮，一個是天機居平，這些宮位都不強，因此當同巨出現在『命、財、官』時，其實是無大用之人，能有工作可糊口已是不錯了，常常也會中途工作中斷或懶惰，而不工作。如果又想做生意賺錢，只有敗財、耗財的份，是不會有好的成果的。

同巨在命宮時

當同巨在命宮時，遷移宮就會是空宮，表示環境是空茫的，其人自己也常無奮鬥目標，或愛東想西想，做做這，又做做那，沒有中心思想，凡事都覺得太辛苦，結果一事無成。其人財帛宮是空宮，有陽梁相照，表示財運空茫，偶而有長輩給一點錢花，或偶而有長輩介紹工作或賺錢的機會給你，讓你能糊口、能活得下去。如果財帛宮的空宮有火、鈴進入獨坐的話，偶而也有小的偏財運，會突然有一筆錢財，但來得快也去得快，不太留得住。其人的官祿宮是天機居平，表示只具有一點小聰明而已，但工作常起伏不順，容易間斷，故也無長時間的累積績效，自然無法有事業成就了。其人的疾厄宮是破軍居得之地位，常有病痛，有時也是託詞生病，而推卸責任，他是個不愛負責任的人，對自我的要求也不高。其人的田宅宮是七殺，表示家中常有紛爭、爭鬥，也存不住錢，看老時能否有房子或留存一點錢。即使年輕時父母、配偶能給房地產，但也會留不住。若是女命，其人的子宮不好，易開刀，或影響生育。有羊、陀、火、鈴、化忌、劫空同宮時，身體有殘疾，或病痛，帶疾延年，為無用之人。

同巨在財帛宮

當同巨在財帛宮時，你是天機居平坐命巳、亥宮的人。這表示你的錢財上常有麻煩，天生命中財少，你會在賺錢上不努力，愛偷懶，故也享受不到什麼財福，所幸你有好的父母會照顧你。你的官祿宮是空宮，有陽梁相照，你不一定會工作，你會有好的、年紀比你大的配偶來照顧你，即使工作，也會是長輩或年長的朋友介紹的工作。但工作不一定會長久，只是做一段時期而已。有羊、陀、火、鈴、劫空、化忌同宮時，命更窮，也守不住財，易靠人過日子。

同巨在官祿宮

當同巨在官祿宮時，你是空宮坐命，對宮有陽梁相照的人。表示你在工作上努力不夠，而且工作形態是表面看起來溫和，有模有樣，但實際上暗潮洶湧，是非多，誹聞多，流言閒語多．周圍常有小人暗中窺伺，藉機搗亂。你的成就也不會太大，做個普通人就差不多了，否則是非糾紛會把你拖下水而遭難。因你的遷移宮是陽梁，表示你是有貴人運及繼承父兄祖蔭而有的工作，自己並無太大的真才實學，故能守成已是不錯了。前桃園縣長劉邦友便是有此官祿宮的人，故一生在是非中打轉而害了性命。有羊、陀、火、鈴、劫空、化忌同宮時，無工作能力，易靠人過日子。

同梁在『命、財、官』對人的影響

同梁在『命、財、官』三方出現時，三合宮位就有天機居廟、太陰入宮，故易感情多變化，性格、情緒不穩定，重情不重理，會聰明過度等現象。你雖智商高，但外在表現並不見得是一流的。你可能內在聰明，而外在行動緩慢，有點慢半拍，給人較笨的印象，要長期相處才知道你有內在聰明的一面。因本命正坐在『機月同梁』格上，你會偏好以時間來做為單位的工作，最常以月份來計算工作時效和績效，這就是『機月同梁』格的本意了。你一生喜歡穩定和享福，容易一邊工作，一邊玩耍、娛樂，更適合做活動，或做與玩樂性質接近的工作，例如辦慶典活動，或做教學試範活動，你會勝任愉快、做得好。你是一個內在愛現，但外表又矜持的人。但仍不時的、偶而的會顯露一下你內在所隱藏的才華給眾人看。

同梁在命宮

同梁在命宮，你是溫和、不想爭權奪利的人，性子慢，表面有些懦弱，但內心有自己的脾氣和自己的價值觀，除非外界太刺激你，否則你是不會輕易顯露的。**在寅宮入命的人**，也會努力奮發，較勞碌，能有貴人運，也會愛管別人閒事，很雞婆。**在申宮入命的人**，能安享福氣，能偷懶，你的價值觀和別人不一樣，凡事較馬虎，以為能過得去就好了，不必太認真，較多的時間是拿來休閒渡假、享福之用的。因此命宮在寅宮的人，重名聲、成就。在申宮坐命的人，重享福。

有陀羅、火、鈴、劫、空、祿存同宮時，會刑福、刑蔭。命坐寅宮的人，怕刑蔭，會沒有成就或無貴人運。命坐申宮的人，怕刑福，會一生財少、身體差，多病痛，或意外事故，一生無用。也怕祿存來同宮，會縮小享福的範圍，也會享不到福，為一點點錢財而勞碌。

府相同梁
《下冊》

同梁入財帛宮

同梁在財帛宮時，在寅宮，易有貴人或長輩介紹工作或賺錢機會給你，財會穩定的進財。你也易因聰明賺智慧財。例如賺寫作或設計等的工作錢財，賺稿費、設計費等等。你會做公務員或固定的上班族，或教書工作，或在銀行上班，更能兼差來多賺錢財。**在申宮**，你只會做一樣穩定的工作，易做公務員，或在大機構上班。如果是長輩介紹的工作，你會做得久，但錢不多。有陀羅、火、鈴、劫、空、文昌化忌或文曲化忌同宮時，錢財不順，拖拖拉拉，你也會中途改行或換工作，使錢財不順。

同梁入官祿宮

同梁入官祿宮時，你會有固定薪水的工作。**在寅宮**，你的工作和學術研究、教書、公務員、照顧別人之事，或為人解決事情有關的工作。**在申宮**，易和幼稚園老師有關，和兒童有關，或和玩耍、娛樂有關的工作。如果有陀羅、火、鈴、劫、空、祿存、文昌化忌、文曲化忌同宮時，則工作不長久，會改行或做做停停，賺錢不多，較辛苦，工作不順利，或不工作。

第二節 天同在『夫、遷、福』對人之影響

天同在『夫、遷、福』等宮出現時，表示其人內在性格就是溫和、無衝勁的，因此動作思想都會較慢，沒有競爭心，自然也沒有競爭力了。通常你容易得過且過，隨遇而安，你心中想的，人生中所遇到的事，以及天生所享受到的事，全都是變化不多，很好打發的事，故你也不太想多用腦筋去想事情，不想太操煩，否則你就會

覺得辛苦而哇哇大叫了，想讓周圍的人來幫你了。

天同單星在夫妻宮

天同單星在夫妻宮時，你是命宮都有一顆太陽星的人。**在卯、酉宮**，你是太陽坐命巳、亥宮的人。**在辰、戌宮**，你是太陽坐子、午宮的人。在巳、亥宮，你是日月坐命丑、未宮的人。你們都是內心平和、想法不多、感情穩定、怕麻煩、做事大而化之，沒有太多的變化和靈感與才華的人，所以你們的感情生活是平淡無奇的，沒有新意的，但這也是感情穩定的因素。你的配偶也會和你一樣常乏味而無聊，但你們能做一對平凡的夫妻白首到老。

有擎羊同宮時，配偶易傷殘或懦弱，也易早逝，你也可能不婚。**有陀羅同宮時**，感情不順，配偶和你都較笨、較悶，不能交心，有事不說出來，但未必會影響婚姻。**有火、鈴同宮時**，配偶福不全，也可能會與黑道有關人士聯姻。**有劫、空同宮時**，與配偶感情易冷淡、不實際、緣淺。**有文曲化忌或文昌化忌同宮時**，你自己和配偶都是糊塗之人，且無好才華，無法出名。

府相同梁

《下冊》

同陰在夫妻宮

同陰在夫妻宮時，**在子宮**，配偶長相美麗、俊俏、身材好，男子有此夫妻宮，易得妻財，會受女子之幫助而有錢或富貴。能找到富裕多財又享福的配偶，情投意合，十分美滿。**若有擎羊同宮**，易不婚，會因條件高而不婚。也會找到財少，或性格尖酸、計較之配偶，一生有感情上之苦難。更容易想得到的感情得不到，內心痛苦。**有火、鈴同宮時**，配偶性格暴躁，財也少，常有不合，易再婚。**有劫、空同宮時**，你會時冷時熱，配偶也是同樣的人，也易分開，或分隔兩地。**有太陰化忌同宮時**，配偶易有錢財是非、或窮，你會桃花少，你也易找到性格古怪的人做配偶。

在午宮時，配偶窮，長相仍不錯。配偶有工作就無憂。**有擎羊同宮**，易不婚，或離婚。**有火、鈴同宮**，配偶脾氣暴躁古怪、也窮，易離婚或不婚。**有劫、空同宮時**，感情冷淡、心窮、不實際，也易不婚或離婚。**有太陰化忌同宮時**，易不婚，或配偶有錢財困擾，配偶易可能不工作，也易離婚。你是桃花少的人，配偶和你的人緣也不佳。

同巨在夫妻宮

當同巨在夫妻宮時，表示你的內心多愛想一些不中用的事，或愛挑剔一些雞毛蒜皮之事，內心常嘀嘀咕咕的不滿一些小情節的事情，但你表面上又裝做寬宏大量的樣子，只是內心不痛快而已。你也會自己常找自己的麻煩，對自己不滿意，有時想做大事，又常感心有餘而力不足。你也會嫁娶到表面溫和，但較懶，喜歡挑剔別人，但對自己寬容大方的配偶。而且配偶是個喜歡碎碎唸的人，常唸些雞毛瑣碎之事，讓你很煩、頭痛。所以你也懶得管家中之事。你也會因此和配偶常有口舌爭執，但不嚴重，也不一定會離婚。

有羊、陀、火、鈴、巨門化忌同宮時，易不婚，或有爭鬥慘烈之婚姻，也會離婚。或嫁娶傷殘或離過婚之配偶。你易是煩惱多，又錢財不順之人，一生也無大發展。

同梁在夫妻宮

當同梁在夫妻宮時，在寅宮，你的配偶很可能會年紀比你大。你也可能嫁或娶年歲與你差距大的人（例如比你大很多或比你年輕很多的配偶）。所以男性有年長大姐型或媽媽型的妻子，或娶比自己年紀小，相差十幾、二十歲的少妻，女子嫁長夫或小丈夫都是有可能的。配偶溫和乖巧、懂事，能照顧你，你也會照顧年紀輕的配偶。你本身的心態很平和，愛情無激動熱烈的時候。此命格的人，桃花多的時候，甚至很年輕就結婚了，其人也會在異性多的場合生活，一生很快樂，少煩憂。**如有陀羅在夫妻宮同宮出現時**，你的命宮有太陽、擎羊，你的人生就未必快樂了，易煩惱，身體不佳，有眼疾，內心多是非、不清閒，也會嫁娶到笨的配偶。**有祿存同宮時**，你是內心保守小氣的人，六親不和，和朋友反而來往多。你會擁有保守、小氣、勞碌，但還算溫和的配偶，但內心不算很快樂。**有火星、鈴星同宮時**，你易內心衝動、脾氣不好，配偶的脾氣也不好，但不一定會離婚。**有天空或地劫同宮時**，你的官祿宮也會有另一顆地劫或天空，你易不婚或晚婚，也會工作起伏大，一生不定性，一定要有婚姻，有人幫忙才會生活平順，有事業，否則會一生一事無成。

在申宮，你的配偶較懶、較會享福，容易不顧家，不照顧家庭和你。不論配偶的年紀比你大或比你小，他都是個喜坐享其成的人，讓你很怨嘆。不過在你的內心，你也同樣是個喜享福、衝力不足，事業運不強的人。你也會容忍配偶的消極和懶惰，無可奈何的過日子。你本身是個感情不易表現出來，也易感情冷淡之人，也易桃花少。即使有桃花，也易同居，而不婚。你自己的內心是大而化之，沒有什麼想法，也不羅曼蒂克的人。

天同在遷移宮對人之影響

天同單星在遷移宮

天同單星在遷移宮時，在卯宮或酉宮，天同居平，表示你周圍的環境是溫和、帶點懶惰意味，愛玩、喜歡別人對你好，你很愛享受這種帶有溺愛，對你不計較，又能讓你任性、自由、自在生活的環境。因為你本身重視情份的表達與接收，故你會有點自私，根本不管別人是不是痛苦，只要自己快樂就好了。你一生會在無憂無慮的環境中快樂的過自己想要過的生活，別人也不會勉強你做你不喜歡做的事情。大家都會照你喜歡的方式來對待你，你周圍出現的人都有點笨，因此你也一生享福快樂。**如果有擎羊同宮**，你易身體傷殘多病，也易受欺負，環境中有刑剋，你會懦弱、無福。

天同在辰、戌宮為遷移宮時，天同居平，表示你周圍環境中的人是溫和的，但有點呆呆的人，你本身精靈古怪，口才又好，唬弄他們是你的快樂，因此你也能生活平順，只會你嚕嗦別人、挑剔別人，而別人都能平心靜氣的接受。你的環境常太平凡或變化少，很讓你無聊，因此你會常搞些小把戲來捉弄人，不過你周圍的人都會對你容忍。你一生會較懶惰於事業的競爭，做事不太積極，平生也無大志，有些吃穿上的小享受已很滿足。你會為自己找到舒適的生活場所，也會遠離對你不友善的人，因此一生享點小福，有點玩樂就舒服了，一生都平順到老。**如果有羊、陀、火、鈴、天空、地劫同宮時**，環境就有瑕疵，生活也不舒適了。

天同在巳、亥宮為遷移宮時，天同居廟，表示你周圍的環境中是十分溫和、有福氣、愛享福，會東奔西跑的去玩樂，一生以享樂為目的。你的周圍很少有氣氛不好的時候，你也不喜歡和人有衝突，有衝突時，你就會閃人，閃得很快。你會非常懂人情世故，但你不喜別人管，特別喜歡自由。也會與長輩有隔閡，因為怕被管、被唸的緣故。你會外表溫和、正直，但有時懦弱，你也會較懶、不積極，在事業上打拚不賣力，但一生生活是無憂無慮的，想要工作時，就會有工作，錢財也不多，你也不會為錢煩惱，算是一個好命的人。如果有陀羅同宮，環境不佳，會窮，也會笨，多是非，也會多災，你易有外傷，人生多不順。

同陰在遷移宮

天同、太陰在遷移宮時，在子宮，天同居旺、太陰居廟，你周遭的環境是溫和、美麗、多情，也富裕的環境。你自己本身也長得美麗、陰柔，氣質不錯，較斯文，一生都會生活在較富有羅曼蒂克及不愁錢財的環境之中，大家會對你好、對你體貼，你一生是快樂、安祥的過日子的，你會做公務員或薪水族，生活愜意，愛享受清福，也可能你偶而會好競爭，但時間不長，你想要什麼就自然而然就會有人提供，因此你根本不必花太多心思，就能得到。你也不會想做太難的事情來為難自己，因此一生是快樂享福多的。**有擎羊同宮時**，易有傷殘現象，也易窮不富。**有火、鈴、劫空同宮時**，人生起伏大，多災厄不順。

在午宮，因天同居陷、太陰居平，你周圍的環境是窮的，想偷懶又偷不著的。有時會勞碌，有時是身體不好，易一事無成，一生都窮，你更會有窮思想，一生不順遂。

同巨在遷移宮

天同、巨門在遷移宮時，因雙星俱陷落，故你周圍的環境中是看似溫和，但暗潮洶湧的，常多是非、誹聞、流言不斷，因此你常煩惱，心不静。你也會出生時，家窮，或家中不和，或家中有災難，你一生常陷入是非口舌之中，或常陷入不好的境界之中，但有『陽梁昌祿』格的人，能靠讀書、考試，另闢一片天，也能脫離原家庭中之苦難生活。

同巨在『夫、遷、福』對人之影響

同巨在『夫、遷、福』等宮時，表示你的內心狀態、外在環境，以及天生的福氣都會受到嚕里嚕嗦的事情之影響。所以你的心境和情緒是表面平和但內心時而煩躁，静不下來，時而又懶洋洋，提不起勁來的。總是身邊有小麻煩或身旁有小聲音，或是環境中有小的使你不愉快的事物讓你腦子静不下來，常不耐煩。有時候，你也會利用一些口舌是非的事情來挑逗一下周圍的人，也讓別人來一個人仰馬翻一下，這樣也會讓你心境平衡一點。

同梁在遷移宮

當同梁在遷移宮時，你是空宮坐命寅、申宮的人。你的外在環境會是溫和、有些鬆散，別人對你表面上要求不多，常可使你撒撒嬌，賴皮一下來表示你的天真無邪的環境。遷移宮在寅宮時，你會有父母、長輩的呵護、疼愛，也會有長輩或家人婆婆媽媽的嘮叨。未來你會勞碌，積極於工作，喜歡能達成名聲響亮的人生。倘若命格中能形成折射的『陽梁昌祿』格的人，則一生快樂，也同時是個極度聰明，又具有羅曼蒂克思想的翩翩君子型的人物。**如果有陀羅**

同宮時，你的環境就會是一種較粗俗、較笨，是一種大致溫和但窮或低下層次的環境，環境中也多是非、紛亂或災禍，別人也對你不算好，常懶得理你，同時你也是性格悶悶、笨笨的人，智商也不高，內心會賊賊的，自以為聰明而常做些笨事，落人口實，一生成就也不好。**有火星、鈴星同宮時**，你會性格衝動，不平和，頭腦有古怪的聰明，人生起伏大，高興時做一下事，不高興就放棄不管，因此貴人運也受到刑剋，長輩和貴人都不想管你了。一生容易成就不高，像無頭蒼蠅一樣東忙一下、西忙一下。**有地劫或天空同宮時**，你本命命宮就會有另一個天空或地劫星入命，你本來就頭腦空空，或是有古怪的聰明，但不實際，無法看到你生命中有益於你的事，或人生沒有目標及重點，你會做事做做停停，人生起伏大，有

府相同梁

《下冊》

婚姻生活較好，有人逼迫，你較會穩定一點。若不結婚，則一生無用。**有文曲化忌或文昌化忌在遷移宮同宮時**，一生無出名之機會。『同梁和文曲化忌』在寅宮同宮時，代表外在環境溫和、安靜，你也會沒才華、糊塗，或有古怪不合時宜的才華（是無用之才華），你本人也不太會說話，一說話就惹是非，故安靜為好，但你一生都周圍不熱鬧，也無人緣桃花，或有古怪的帶有是非之桃花，因此你易晚婚或不婚，也會做事無成就，和別人有距離感，會保守，只和家人親近。『同梁和文昌化忌同宮』在寅宮時，表示外在環境是表面溫和，但是糊塗、計算能力不好，粗俗、愚笨，常因愚笨遭災的環境。周圍的長輩和貴人常想照顧你，但會愈幫愈忙。你本人也會不愛唸書，對數學感很差，糊塗過日子，過粗俗、低下、水準不高，或較窮的生活。

遷移宮在申宮時，因天同居旺、天梁居陷，你外在的環境是溫和，又帶點幼稚性意味，喜玩樂，重視休閒活動，愛好自由，不喜別人多管的環境。你在人生中之升遷機會上常得不到上司、長輩的鍾愛，因為少了貴人運，你會喜歡和年紀小或年紀比你輕的人來往。有此遷移宮的人，易做幼稚園老師或小學老師，或在安親班工作。你也喜歡和年紀小的弟妹混在一起過生活。你的一生是充滿童稚、享福休閒性、做事鬆散、沒有衝勁的人，但你會把生活過得很好，因為環境中就是福星居旺，一生有福可享，不會太操勞。**如果有陀羅同宮時**，就是又懶又笨的環境了，也享不到福，會生活環境差，較窮或雜亂，是非爭鬥多，別人也對你不好，你周圍所出現的人，都是水準不高，文化層次低，表面溫和、較笨，又無用的人。你也會內心多煩惱，賺錢少，工作不順，因為你的財帛宮必有擎羊，會有刑財現象，故一生不富裕，會窮。**有火星或鈴星同宮時**，會刑福，你會衝動、脾氣不好，有古怪聰明，但不實際，易耗財和享不到福，也會做事不長久，易改行，或中途停止，心緒煩亂。易有精神躁鬱症。也易窮，生活不富裕。**有天空或地劫同宮時**，你的命宮會有另一個地劫或天空，你是頭腦空空，或聰明但不實際的人，容易進入宗教棲身，或不婚，亦或中途離婚，你是頭腦不清的人，有婚姻，有人陪伴你過人生，你才會有福可享，否則為無用人，人生也起伏大、波折多。

天同在福德宮對人之影響

天同單星在福德宮時

天同在卯、酉宮為福德宮

天同在卯、酉宮為福德宮時，天同居平，表示你天性溫和、穩定，思想理念和做事方法和待人接物都很世故，但一生會有點忙碌、有點操勞，不過該享福時，還是有福可享。你的外界環境會不好，但你仍算是天生有福之人，凡事可化險為夷，老年時可享輕鬆快樂的日子。**有擎羊同宮時**，為『刑福』色彩的人，易勞碌或窮，也會有傷殘現象或有自殺而亡之現象，宜注意。**有祿存同宮時**，你天性保守，享福享不多，家窮、不富裕，你也會強力愛管事，負擔家中大責任，一生較辛勞。**有火、鈴同宮時**，你內在的脾氣壞，也因此享不到福。易因突發事件而遭災，會有傷殘現象。**有天空或地劫同宮時**，是『福空』或『劫福』的形式。你會頭腦思想不實際，有福不會享，或是執意做一些自以為是對自己好的事，但實際上是對自己不利、又享不到福的事。

天同在辰、戌宮入福德宮

天同在辰、戌宮入福德宮時，天同居平，你的外表及本性還算屬於溫和的，愛享福，但不一定享得到。易操勞，人生中多辛苦、奔波之事，一生中的變化很大。你命中的財福不大，也會為財奔波忙碌。有固定薪水的人會生活平順一些，無固定薪水可用的人，會人生起伏大。要到中、老年時才會享福輕鬆一些。**有擎羊同宮時**，為『刑福』之人，易傷殘或勞碌，較窮，也易自殺而亡。**有陀羅同宮時**，也為『刑福』之人，會頭腦不聰明，一生多是非、波折，賺錢不易，工作不長久，或無工作能力，易窮，或靠人吃飯。**有火、鈴同宮時**，亦為『刑福』色彩之人，會衝動、脾氣不穩定，有躁鬱症，做事動作快，勞碌、粗糙，但成果不佳。**財、福二宮有擎羊同宮**，或此二宮之三合宮位再有擎羊三合照守時，易有自殺而亡、上吊或投水之事。**有天空、地劫同宮時**，表示腦袋空空，財的源頭空空，本命財少，故一生不富裕，也難存大錢，更易做事不積極，凡事少根筋，根本不在乎什麼事，也無法掌握任何事，會思想清高或天真，易被騙。

天同在巳、亥宮入福德宮

天同在巳、亥宮入福德宮時，天同居廟，為福厚之人。性格較溫和、較懶，喜坐享其成。也能委屈求全靠別人來幫忙料理事情。你一生錢財不多，環境中也多是非變化，起伏很大，但總能化險為夷，有貴人出現。雖然你的貴人帶給你的利益並不多，但總能在重要關頭讓你活過來，因此也算好命的人了。**有祿存同宮時**，表示你天生的福氣不算大，是小小的、很保守的形態，你也天生無大志，能有平順的生活就很滿意了，因此你也不會希望賺很多錢，或做大事，你會很安逸的過自己的小日子。**有陀羅同宮時**，為『刑福』色彩，有外傷及手足之災，或牙傷，你本命財少，會工作不力，工作斷斷續續不長久，或不工作，因此財少，你也會比較笨和頑固，無法適應現實生活，人緣不佳，一生多是非，環境不好，**有火、鈴同**

宮時，也是『刑福』色彩的人，易衝動，有躁鬱症，或與黑道有關，易不行正道，天生享不到平安之福，也易有傷災或災厄之事。

有天空、地劫一起同宮時，天空、地劫是二星一同和天同福星並坐的，表示一點福氣都沒有了，其人易頭腦空空，什麼事都不想，也不願多花腦筋，做事有頭無尾，常東做做、西做做，凡事沒結果，工作也不長久，常變換，或最後根本不工作了。易生精神上的疾病，也易遭災而亡，生命不長久。

同陰在福德宮

天同、太陰並坐福德宮時，在子宮，天同居旺、太陰居廟，有福可享，本命財還多一點，你會性格溫和、聰敏、有溫柔、體貼、敏感之心，人緣好，天生有長輩及貴人照顧、幫助，能主貴，也能在事業上有一些成就。**有擎羊同宮時**，表示是『刑福』及『刑財』色彩的人，你會較笨、懦弱、陰險，天生命中財少，或拿不到，會勞碌而所得較少，也會好競爭而多是非，雖然仍有長輩、貴人會幫你，但你不一定接受，你會自己胡亂打拚，但衝不破牢籠，非常辛苦，內心悶，也抱怨多。

有祿存同宮時，你天生的財福變保守，也縮水了，你只會享受一點點的福氣，故也天生財祿較少，有錢也留不住，或無法多得。你的福德宮還有太陰化科，故是很有方法的使財變小，如此你才能享到一點點的福氣，你會家宅不寧，家中多爭鬥，也與祖產無緣。

有火、鈴同宮時，你會性急、衝動，而無福，又易遭劫財快，容易耗財或有災。你會有些神經質，會賺錢減少，也留不住。亦會操勞、奔波，常無結果。**有一個天空或一個地劫同宮時**，你會有時享到福，很敏感，很羅曼蒂克，有時頭腦空空愛發呆。當你用心全心全意做一件事時，你會有很好的成果，當你恍神，注意力不集中時，就易無福、無財了。你有時會不實際、思想空泛，但不嚴重，隨時糾正，就能有美麗人生。**有天同、太陰化忌同宮時**，你會頭腦不清，思想不實際，也易在錢財上搞不清楚，計算能力不好，不會理財，有錢財上的是非麻煩，同時在感情上也不順暢，你會有時很敏感，有時又遲鈍麻木，也會自己有自己一套理論，不理會別人的建議，一生勞碌，而無結果。

同陰在午宮為福德宮時，天同居陷、太陰居平，是本命較窮，無財又無福之人。你會勞碌辛苦，一生不富裕，就是有富裕生活給你過，你也過不了。反而安貧樂道較好，也能生命長久一些。你一生享福少，在你辛苦時，反而身體較好，當你享福時，身體就會出現問題了。不過，你會有長輩或貴人幫你，只是人生格局不大而已。**有擎羊同宮時**，命中的刑剋太多，就連一點點財福都易被刑剋掉，你易性格懦弱、陰險、心窮。明明是平平安安及平平順順就可以做好的事，會因你內心想法扭曲古怪，而把事情搞砸了，自己也享受不到好處，或更惹來許多的痲煩。也會因此而遭災，天生壽命也不長。**有祿存同宮時**，表示本命財不多，但有夠衣食生活吃飯、可活命的財祿，你會天性保守、孤寒、小氣、吝嗇、人緣不佳，因此一生好機會也不多，但會自顧自的過日子，你會有家宅不寧及家窮的問題，也無錢可存。**有火星、鈴星同宮時**，你會性急、衝動、命窮又勞碌，一生無福可享，為生活奔忙。**有一個天空或一個地劫同宮時**，你常思想不集中，或思想不實際，或易發呆，不想做任何事，是故命窮，可用的錢財少，易靠人過日子，做事不積極。**有天同、太陰化忌同宮時**，你會頭腦不清、無財、無福、愛煩惱，但會煩惱些無用之事，你也容易一事無成，靠家人或父母長輩過日子。

同梁在福德宮

天同、天梁並坐福德宮時，在寅宮，天同居平、天梁居廟，表示你天生聰明，主意多，有智慧，可為人師，你又口才好，好說教，又喜照顧人、好管閒事，自家的事不愛管，因此很忙碌，但會人緣好，你不但愛照顧人，自己也有貴人運和長輩運，凡事你會以聰明及圓融的態度來解決，能屈能伸，雖勞碌一些，也能圓滿完成任務。你會喜歡休閒活動，偶而過些閒雲野鶴的生活很快樂。**有陀**

羅同宮時，你天生較笨一點了，也會刑剋到貴人運，因此有貴人你也不會利用，也不喜歡別人照顧你，會以為是在管你。你會勞碌不停，做些無用的事，但工作多起伏，做不長久，或工作不順，中途轉業，因此頭腦的問題會影響到你工作的態度，也會影響婚姻。**有祿存同宮時**，你天生可享的福氣變小、變保守了。你的貴人運也會變保守、小氣，因此貴人運變少，無法施功。你有家宅不寧，或家窮的問題，一生也存不住錢財，無論再多努力都會耗費而光，因此一生勞碌不停。**有火、鈴同宮時**，你天生急躁、脾氣火爆、動作快，無福也無貴人運，思想也草率馬虎，因此易忙中有錯，常有不吉之事發生，也易勞碌，成果不好。**有一個天空或一個地劫同宮時**，會在你的財帛宮出現另一個地劫或天空星，因此你的財的源頭是空的，手中的用度也不佳，常沒錢，即使有錢，也是過路財神，一下子又花光了。你對金錢的觀念不實際，本性清高，似乎不愛錢，但又常被錢追著跑，為錢辛苦及痛苦，想要賺，又無法多賺。你易工作不穩定或做不長，常有段時間不工作。要有固定工作，才會錢財順利一點。

同梁在申宮為福德宮時，天同居旺、天梁居陷，表示你天生是有福之人，但不喜被人管，故與長輩或貴人都不親密。你會較愛享福、愛玩，一生休閒時候多，你不在乎賺錢的事，但沒錢也不行，你總有辦法找到可玩樂和享福的辦法。你也適合過閒雲野鶴的生活，或在鄉間過輕鬆的田園生活會很愜意。**有陀羅同宮時**，會刑到福氣，你會不夠聰明，較笨，也會事業運不佳，工作不長久，或不工作，東忙西忙無結果，既沒享到福，又輕鬆不下來，也會較窮。**有祿存同宮時**，你會性格保守，只享一點點福，你有家窮和家宅不寧的問題，一生存不住錢，只有衣食溫飽而已，生活辛苦、勞碌。**有火星、鈴星同宮時**，也會刑福，享不到福，會急躁、衝動、忙碌，易一事無成。**有一個天空或一個地劫同宮時**，其財帛宮有另一個地劫或天空獨坐，因此你會思想不實際，對金錢或價值觀有奇特的想法，也會窮，享不到財福，常為錢煩惱，有錢也留不住。

同巨在福德宮

天同、巨門在福德宮時，無論在丑宮或未宮，都是俱陷落的，因此是天生無福，多是非、思想混亂的狀況，也會勞碌不停，有精神上的痛苦。常有些小麻煩之事來騷擾你的精神系統，耗弱你的精神，一生都易心中有煩惱，多想，不痛快。**有擎羊同宮時**，煩惱更

府相同梁
《下冊》

多，內心更糾葛不清，本身較笨，易鑽牛角尖，也易遭災，或有精神疾病。

有陀羅同宮時，你的官祿宮有擎羊，故你在工作上易不順，易斷斷續續或做不長、或不工作。你也易煩惱、多是非、有精神上之痛苦。本命也會財少一些。**有火星或鈴星同宮時**，易衝動、無福，脾氣壞，**再有擎羊在財、福二宮出現**，有因報復而自殺之狀況。其人一生也會因衝動、情緒不穩定而遭災。**有一個天空或一個地劫同宮時**，其人頭腦常不想事情時，很安靜，也會平順，一多想事情，是非就來了。其人頭腦不實際，但愛亂想，常想做些自以為是對自己好的事，但實際上是不利於自己的事。**有天同化權、巨門化忌、擎羊在福德宮時**，是身體有傷殘現象，頭腦有問題、智障、或受傷而亡或成植物人命格的人，也易有多次開刀及血光之災的問題。

第十三章　天同在『父、子、僕』、『兄、疾、田』對人之影響

天同在『父、子、僕』等宮，或在『兄、疾、田』等宮出現，

因論命時，注重主體，也就是以人本身自『我』為重要，故父母宮、子女宮、僕役宮和兄弟宮、疾厄宮、田宅宮，這些都是輔助的宮位，也算做閒宮。

當天同在這些輔助的宮位出現時，沒有刑剋時，就表示該輔助力量好，該親等關係平和、無怨尤，相處還算愉快。雖沒有太大的幫助，但至少六親不會相惡。而且你本身的命格屬於『紫、廉、

武』或『殺、破、狼』系列的人，你是順應家庭家運需要而誕生的人，你的性格較強悍，行動力和主張性都較積極，因此會主導家庭中很多事情。家庭中也有許多人會依賴你或聽從你，故而你在家中的地位還不錯。而你本身有天同在這些宮位時，表示在你的親朋好友之中，你是可以穩定的掌握他們情緒的人，他們對你是有助力，而不會幫倒忙的。但實際上，你也不會放太多注意力在他們身上，你的注意力會放在向外打拚事業，和對你有利益、非常實際的事務方面。因此對待感情的事，以及對待家人、兄弟、朋友之類的人，只是虛應故事一般，不會太以為意的。那些人、事、物在你的人生道路中只是陪伴而行的風景而已，會隨境遇不同而不斷更改。有刑剋的六親關係，也更是一樣，當你境遇不同時，變化更快。因此你本身是性格堅強的人，容易成為旁人的支柱，但你本身卻並不一定知道自己的重要性。

當天同在『父、子、僕』或『兄、疾、田』出現時，就表示你的『父、子、僕』或『兄、疾、田』等宮是坐在『機月同梁』格上的，這表示：**一、你的家人或朋友多半是薪水族的人，**是公務員或是中產階級，或不算太富裕的人，所以你的出身也不會是在多高貴和多富裕的大戶之家。**二、在你與家人或朋友間的關係是容易有陰晴、起伏變化的。**你的家人或朋友在思想與感情表達的方式上會和你不一樣，但你和他們都會相互容忍，維持表面上的合諧，不會輕易的對立，以便維持一個平衡的人際關係，好讓你騰出精力出來打拚事業或其他的事情。

第一節 天同在『父、子、僕』對人之影響

![府相同梁《下冊》]

天同在父母宮

天同單星在卯、酉宮為父母宮

天同單星在卯、酉宮為父母宮時，你是七殺坐命寅宮或申宮的人，父母溫和，家道小康，不算很富裕，父母對你的照顧也是僅止於衣食上的照顧與關懷。因為自你出生後，家境會變好，故父母仍會像心肝寶貝一樣疼你。父母會愛你、支持你，但不干涉你，給你很多自由發揮的空間，因此未來你自己的路，仍要你自己去打拚。

你一生受父母、長輩、師長、上司的喜愛和照顧，會官運好，發展較同輩迅速，前途也無量。

有擎羊同宮時，與父母緣淺或不合，易做人養子，或父早逝，或父母有傷殘現象，自幼家窮，父母無能力。你自身也易保守及受人欺負，人生成就也會較差一些。**有祿存同宮時**，你的本命宮中有陀羅同宮，故你會較笨，你的父母是保守、小氣而溫和的人，對你也無大助益，你也會家庭不富裕，人生辛苦操勞。**有火星、鈴星同宮時**，父母性急，脾氣不穩定，對你也不算太好了。你與父母時有衝突，父母也易是與黑道有關之人。**有天空或地劫同宮時**，父母對你還溫和，但無助益，父母之一也易早亡。你也易得癌症。

天同單星在辰、戌宮入父母宮

父母宮在辰、戌宮，有天同單星入宮時，你是空宮坐命，有紫貪相照的人。父母溫和，但喜歡嘮叨你，為你好，可是你不愛聽，會與父母保持距離，大致上還算平和相處。但你一生都不喜長輩、師長、上司來管你，你會自有主張的生活和過日子。

有擎羊同宮時，與父母緣淺、不合，父母早逝，或父母傷殘，一生也得不到上司、長輩、師長的寵愛和幫助，升官機會較少。你也會保守和家人六親不合。**有陀羅同宮時**，父母較笨，也會較窮，你有家宅不寧及家庭衰敗的跡象，也易家中男人少，陰盛陽衰，家庭問題多，會影響到你。**有火、鈴同宮時**，父母脾氣不好，也易與黑道有關，親子關係不合睦，父母間感情也不佳，你幼年時代會較辛苦。**有天空或地劫同宮時**，父母是溫和，對你還好，但對你無實質利益的人，會父母之中有一人早逝，或與父母分隔兩地，或感情不算很親密。你也易得癌症。

天同單星在巳、亥宮入父母宮

天同單星在巳、亥宮入父母宮時，天同是居廟的，故與父母感情好，父母就是你的福星，你幼年時會有一、兩次重病，由父母悉心照顧而痊癒。一生之中，父母都以你為重心，對你言聽計從，關懷倍至。你一生也與長輩、師長、上司關係密切、感情好，能得到良好助力的人。同時，你的父母、長輩也會是個世故、圓滑、人際關係好的人。

有陀羅同宮時，就會有擎羊在你的田宅宮出現，表示你有家宅不寧的問題，也會家窮，父母較笨，能力不好。你自己的家中也會留不住財，財庫有破洞，你與父母的感情也不好，你對待父母的態度，也是莽撞，或悶不吭聲，不太交談，相互不瞭解，內心相互埋怨的狀態。**有祿存同宮時**，你自己較笨，破耗又凶，父母是溫和、保守，有一點小錢，能顧家庭溫飽的人，你會對父母有諸多埋怨，但你本命財少，又有金錢上的麻煩、困擾，父母仍會在必要時會支助你一些。**有火星、鈴星同宮時**，父母脾氣急躁、多變，會有古怪想法，也會有時對你好，有時又漠不關心。父母也易是黑道，也易父母之中一人早逝。你也容易在不太富裕，或多爭執、多是非的環境中生活。**有天空、地劫雙星一起同宮時**，表示根本沒有長輩的福氣，會無父母，也無長輩運，無師長或上司的照顧，同時你也不喜長輩或年紀大的人來管你。你也易離家打拚或遊蕩，你也易得癌症，生命不長。

同陰在父母宮

天同、太陰在父母宮時，**在子宮**，天同居旺、太陰居廟，你與父母感情好，尤其和母親更親密。父母對你有情，會溫和、體貼、溫暖的照料你，你從小是個幸福的小孩，未來也會孝順父母，和父母很貼心。父母的經濟狀況很穩定、富裕，因此你幼年時代很愜意、舒適。你一生都會與長輩、上司、師長關係親密，能得其照顧。**有擎羊同宮時**，父母的錢財不多，你幼年環境不算好，父母對你的照顧也不周到，父母即使有錢、也很小氣，不願花在你身上。父母也會對你要求多，你與父母不和。你本身是個保守、小氣的人，和父母、兄弟、家人都有不和的狀況。**有祿存同宮時**，父母宮是天同、太陰化科、祿存，故父母是保守，有一點錢，性格溫和，會很有方法的理財，也很有方法的向你表示體貼、關懷的人。但你本身命宮有陀羅，故會自己較笨，不一定能體量父母的心。**有火星、鈴星同宮時**，父母脾氣急躁、火爆，父母的經濟狀況和對待你的方式也沒那麼好了。**有天空或地劫同宮時**，父母仍是溫和、體貼。財多的人，但對你未必有助益。亦會父母之中有一人先亡。你與父母的感情時而親密，時而較淡。

同陰在午宮為父母宮時，天同居陷、太陰居平，父母是較窮，感情冷淡，不太會表達的人，但仍性情溫和，沒有衝勁。你與父母的緣份也很疏離。

有擎羊同宮時，會父母早逝，或父母窮，你會早離家打拚奮鬥。你與父母的緣份淺或不和，你自己會保守，賺自己的衣食，成年後少和父母來往。你也容易成為養子或養女，和親生父母或養父母都會緣淺。**有祿存同宮時**，己年生的人，父母雖不富裕，但有衣食之祿，易做薪水族可勉強糊口。你的命宮有陀羅，你自己本身較笨，成就會不高，也難奉養父母。丁年生的人，父母宮是天同化權居陷、太陰化祿居平、祿存同宮，因權祿都不強，又有祿存在限制它們，故代表父母生活不富裕，但有一定的方法生活及賺衣食之祿，故可糊口，你本身的命宮有陀羅，故較笨。父母對你的照顧很少，只有一點點，但會管你，你已經覺得父母很富裕，算是不錯的了，但覺得父母小氣，錢財不給你花用。你一生對父母是若即若離，想要得到好處時，才會與父母親近，不想得好處時，便離得遠。

有火星、鈴星同宮時，父母較窮，但脾氣也不好，性子急，幼年對你的照顧也不佳，你與父母常有衝突，你易離家發展。**有天空**

或地劫同宮時，父母是較窮，又對你無助益之人。也易父母之中少一人。父母易早逝，或不全。你一生也無長輩運或不喜上司、長輩來管你。

同巨在父母宮

天同、巨門在父母宮時，無論在丑宮或是在未宮，都是雙星居陷的，故父母是表面溫和，但愛嘮叨你的人，因此你會躲著他們，或和兄弟姐妹友好，而有事卻不和父母講，父母也會嚕嗦一些無意義之事，對你無幫助。你會把心思、感情放在自己未來結婚的家庭中，對父母只是虛應故事一番。未來你也不會想和父母同住來奉養他們。

有擎羊同宮時，丁年生的人，在未宮，有天同化權、巨門化忌、擎羊同在父母宮，表示父母不全，或父母傷殘，與父母緣份淺，易做人養子，或失怙、失恃，你會在旁枝中生長而成。一生中有奇遇。未來要小心身體，易有傷災、或心臟病的問題，以及脊椎骨的問題。**己年生的人，在未宮**，只有天同、巨門、擎羊，與父母不合，或父母早亡，或做人養子，你是性格保守的人，能自立更生過日子。**癸年生的人**，父母宮有天同、巨門化權、擎羊，與父母刑剋重，與父母也易不和，或父母不全，或做人養子，或與父母分離，往來少，你本命宮有祿存，能有自有財，獨立生活，一生保守過日子。

有陀羅同宮時，與父母不合，父母較窮、較笨，父母的成就不好，家中多紛擾，會有家宅不寧的狀況，父母對你的照顧也不好，你也會是本性保守的人，能享一點點財福就好了，不會有太大的抱負。

有火星、鈴星同宮時，父母是非多，脾氣不好，對你照顧也馬虎，故你與父母有芥蒂、緣淺、不和睦。**有天空或地劫同宮時**，父母與你的關係，一種是少見面，關係較冷淡，也不太嚕嗦，一種是會偶而嚕嗦，但也不太愛講，兩種都是彼此難溝通，也對你無助益的情況。你也不喜歡聽父母的意見。

同梁在父母宮

天同、天梁在父母宮時，**在寅宮**，天同居平、天梁居廟，表示父母性格溫和，你會得到父母的照顧，你和母親較親密。未來你也會和長輩、老年人較親密、談得來。會有長輩運、貴人運。**有陀羅同宮時**，長輩或父母較笨，對你的照顧也不好，他們是悶悶不吭聲的人，你要向他們提出援助，他們才會幫你，但也幫的不算周到。貴人或長輩的能力是有瑕疵的。**有火星、鈴星同宮時**，父母或長輩脾氣急，有古怪聰明，對你的照顧和幫助很另類，不合你用，故也不算有助益。在感情上也未必親密。**有天空或地劫同宮時**，父母還表面溫和，對你好，但無實質助益，你亦要小心易得癌症或糖尿病、腎臟不好的問題。

在申宮，天同居廟、天梁陷落，父母是溫和，但照顧你的能力不好的人，因此你自幼沒得到什麼照顧與幫助。你自幼也不喜歡被人管。父母是愛享福的人，未來會依賴你較多。**有陀羅同宮時**，表示父母又懶又笨，會家窮，或父親早亡或離家，由母親獨自支持家庭，你有家宅不寧的問題，幼年你得到的照顧少。未來你的家庭中也會不平靜或家財變少，影響你一生。**有祿存同宮時**，父母是保守、財不多的人。而你本身命宮有陀羅，自己較笨，易操勞、享福少、財更少，也要小心不長命，易遭災禍而亡，或被人殺死。父母對你還是好的。**有火星或鈴星同宮時**，父母性子急、能力差，也會較窮，幼年對你照顧不佳，也會與你不和。**有天空或地劫同宮時**，父母與你的緣份淺，易分離，或照顧少，沒有助益。未來你要小心有癌症問題。一生都無法受到長輩或上司，或年紀大的人之關愛、照顧，你也不想有人來管你。

天同在子女宮

天同單星在子女宮

天同單星在子女宮時，表示子女溫和可愛，脾氣好、乖巧、懂事，好教養，不會給你惹麻煩，也會和父母感情親密，倘若天同在卯、酉、辰、戌宮居平時，表示子女還是會讓你有一點操心，子女雖乖巧，有點好玩，功課不算很好。當天同居廟時，子女是你的福星。子女也會是幼稚可愛的人，容易天真、性格不成熟、愛撒嬌。

天同在子女宮時，同時也代表你的才華是普通，才藝也普通，有點慵懶，不太愛表現出來，或是縱然愛現，在別人的眼中也覺得是平凡無奇的。也會少有風光之事。

當子女宮是天同時，還要看你的田宅宮好不好，才能定你的家族興衰。田宅宮不佳的人，例如是巨門陷落或太陰居陷的人，家窮或家中是非爭鬥多、災禍多，這樣子孫繁延的能力也較弱，子女會少，傳承也會不好了。同時在你的才華上也沒有深厚的蘊藏實力。若是女子的田宅宮是巨門陷落或太陰陷落時，則易子宮不好，受孕機會較弱，子女較少，或有病變，無法生育子女。**有擎羊和天同一起在子女宮時**，易生有傷殘之子女。你也會不生子女，或不孕。你也容易有存不住錢，或家窮的困擾。你更容易有才華無法展現，或才華少的問題。**有祿存同宮時**，你的子女中兒子只有一個，或只有一名子女，子女是溫和保守、小氣的人，自小身體較弱，不好養，將來長大後會好一點。你的夫妻宮有擎羊，故易婚姻不順，或娶嫁到財少的配偶，你本身也對錢財不實際，也會工作起伏不定。因此家庭中所能積存的財富也不多。

有陀羅同宮時，子女外表溫和，但較笨，做事和腦子都慢半拍，也不見得會聽你的話，子女與你的關係也不算親密了。你自己本身內心也是個保守，自顧自有自私傾向的人，所以你也不會管子女的前程未來會不會變好了。其實這也代表你自己在本身的才華上也很笨拙，無法開展。

有火星、鈴星同宮時，子女是有古怪思想，有怪怪聰明的人，但脾氣急躁，也可能不學好，會與黑道有關，或有傷殘現象，要小心。**有一個天空或一個地劫同宮時**，表示子女少，性格溫和，頭腦不實際，也容易和父母不親密，較疏離，或緣份淺，易分離兩地。**有天空、地劫一起和天同在巳、亥宮同宮時**，無子女，同時，你也不知道自己究竟有何才華。

同陰在子女宮

同陰在子女宮時，**在子宮**，子女可有三、四人，溫和、乖巧、美麗、貼心，和父母親密，感情好。子女也會為父母帶財、帶福來。子女是你一生的寶，你會很用心的照顧他們，將來子女也會很貼心的奉養你。你一生的才華就在照顧子女身上。**有擎羊同宮時**，易不婚或晚婚，或與子女不合，子女既會為你帶財來（帶不多），又會成為你的負擔，親子關係不合諧，尤其和女兒不合，你始終是在一個窮困多災的環境中生活。

有祿存同宮時，子女宮尚有天同、太陰化科同宮，表示子女有一人，女兒會比較傑出，性格保守，會做事，你的配偶運不好，也可能不婚，或配偶是人緣不佳的人，也可能離婚。有子女反而是你的精神寄託了。**有火星、鈴星同宮時**，子女少，有一、二人，子女是脾氣急躁，有古怪聰明的人，給你所帶來的財福就沒那麼多了。

有天空或地劫同宮時，子女少，一、二人，子女仍是乖巧、帶財、帶福的人，但頭腦有時不實際，你也有時會和子女有代溝，你也有不一定知道子女是會帶財福給你的人。

庚年生，有天同化科、太陰化忌在子宮為子女宮時，子女會很乖巧、很安靜，會自己照顧自己，但少麻煩父母。女兒尤其和你不和，但仍會維持表面關係，只是思想不一樣，無法溝通而已。子女未來工作會有起伏，但仍有錢過日子，你適合和兒子同住較佳。

在午宮，子女少，一、二人。子女是外表溫和，還算美麗，但財少的人，你也會對子女感情較淡薄。**有擎羊同宮時**，你和子女有刑剋，易不孕或不生子女，也易不婚或晚婚，即使有子女，你也養不好，有子最多一人。子女會成為你的負擔，親子關係不合睦。

有祿存同宮時，有子一人，子女保守、內向，人緣關係不好，他的命中財少，即使有天同化權、太陰化祿、祿存在子女宮，子女未來都不富裕，也不會發財，只能過普通上班族領薪水的日子，才能平順。這只是保守的、穩定的，能在某一個薪資工作崗位上待很久的意思，可糊口，薪資不算頂豐厚。

有火星、鈴星同宮時，有子一人或無子，也易不婚。子女是命窮，性格古怪，有小聰明，瘦型，表面溫和，內心愛作怪的人。也會與你不合，難以管教，亦會有突發事件，失去子女。**有天空或地劫同宮時**，你會不婚，無子女或子女少，或與子女感情不深，分離兩地，緣份淺，即使同住，也會感情冷淡，相互不關心，子女似有若無。當庚年生之人天同化科、太陰化忌在午宮為子女宮時，表示子女較窮，表面很乖巧，但有錢財困擾和工作不順的問題，會讓你很煩心。同時你和女兒不和，在和子女溝通感情之表達能力方面，你是有問題的。同時你也會對子女的關懷較少，至少子女是感覺不到的。因此你也可能會不婚，或不生子女。

同巨在子女宮

同巨在子女宮時，無論在丑宮或在未宮皆雙星居陷，表示你的子女從小便愛鬥嘴、吵不停，有子二、三人。子女會各自向你展現自己的乖巧，但彼此相爭鬥不停。子女未來的事業也不算好，容易是儒弱無用的人。未來在爭你的家產或遺產時更是吵得熱烈、爭鬥不停，因此子女會讓你煩心。你自己本身的才華少，也可能只有一樣賺錢、存錢的本領。你也會有私心，偏愛某一個孩子，更加深子女間兄弟姐妹的爭鬥嫌隙。也可能會有同父異母，或同母異父的子女。

有擎羊同宮時，有子一人，其他是女兒，子女是懦弱、無用，彼此間又爭鬥凶的人，會相互剋害，或者也易不婚，無子女，或因身體較弱而無子女。**丁年生有天同化權、巨門化忌、擎羊在未宮為子女宮時**，傷殘無子，或生傷殘之子，你會有下半身受傷或腎臟、膀胱、生殖系統的毛病。

有陀羅同宮時，子女是外表溫和，是非多，較笨，私下陰險好鬥之人，彼此不合諧，多紛爭。亦會有智能不足的小孩。**有火星、鈴星同宮時**，子女一人，脾氣不佳、懦弱、不行正道，你與子女緣份淺，也不好教養。亦會無子女。**有天空或地劫同宮時**，不一定會有子女，有子女也會緣份淺，分離兩地，少見面。你是個喜歡孤獨、朋友少、人緣不佳的人。

同梁在子女宮

同梁在子女宮時，在寅宮，子女是溫和、乖巧、有上進心，和父母長輩關係親密的人。你也會對子女愛護有加，倍加照顧，每天忙碌於照顧子女的事情很快樂。因此親子關係好，未來子女也會奉養你，你也會對晚輩有慈愛心，得晚輩之敬愛。但平輩關係不算好，你也能靠才華表現而有名聲。

有陀羅同宮時，子女是表面溫和、悶聲不吭、性格悶、話不多，有點笨的人，你的親子關係也不算很好，會表現笨拙。這是你內心保守、自私的心態使然的。未來你也沒什麼才華可顯現。**有火星、鈴星同宮時**，子女少，一、二人，子女性格急，有古怪聰明，同時你的才華也古怪，或不能表現。親子關係不算太好。

有天空或地劫同宮時，你不一定會有子女，但有子女才能存得住錢，你的家中常鬧空城計。你也可能不婚。因此家中無子女在家，財庫也會是空的。**有祿存同宮時**，子女一人。你的子女是乖巧、溫和、保守、自私小氣的人，你的婚姻不順，亦可能不婚或離婚，婚姻不幸福，配偶亦可能早逝、惡死，你會將精神寄託在子女身上。

在申宮，子女是溫和、乖巧、懶惰，少上進心的人，你對子女的照顧也不算好，子女未來的成就也不很好。你自己也較懶，有穩定的薪水可過活就好了，不會想太多。因此子女也會是溫和、懦弱的人。**有陀羅同宮時**，子女更笨，更偷懶，易不工作，或好吃懶做，易成為你的負擔或煩惱。**有火星、鈴星同宮時**，子女是外表溫和，但性子急、內心古怪的人，也易行偷懶或邪佞之事。會沒出息，和你也不和睦。你也會對子女的照顧不佳，或根本不管他們，對他們沒耐心。**有天空、地劫同宮時**，易無子女，不婚或與子女分離兩地，家中無子女，財庫也空虛，因此你常窮困無錢，但有固定工作可糊口，只是無積蓄而已。**有祿存同宮時**，有子一人，女兒可多，但子女是乖巧、保守、小氣、自私的人。你的婚姻運不佳，易不婚，或離婚，或配偶早逝、惡死，你的內心也會有不好的想法，故也未必願意負責任養小孩。小孩也易送人去養。

天同在僕役宮

天同單星在僕役宮時

天同在僕役宮時，都表示朋友是性格溫和、溫馴、好相處的人。也表示你做人世故、圓滑，會用平和、講道理的態度對待朋友、屬下、同事，或平輩的人。因此朋友們對待你的態度也非常柔和、溫順。在你要得到朋友幫助時，朋友們自然而然會來幫你忙，因此你可享受到友情的福氣。

有天同在僕役宮時，表示你在選擇朋友時，會找脾氣溫和、情緒穩定的人，及好溝通，能平和講道理，凡事不計較，能顧全大局，有禮貌、知進退、有教養的人做朋友，會迴避那些脾氣不好、情緒起伏大、拔扈、自私、無理的人。因此，你也會找與自己磁場相同的人來做朋友，如此就朋友間十分相合。最重要的是，你不喜歡朋友好做怪，說話無信用，反覆無常，這是你看不起的。經過這種嚴格的挑選朋友的程序之後，自然你會交往的，只有品行好、講義氣的朋友留在身邊了。因此別人看你，為何如此命好，有這麼多好朋友會來幫你的忙，實際上是你本身的EQ管控得很好所形成的。

有天同在僕役宮時，表示朋友多屬於有悠閒生活的人，這些人很可能是公務員或薪水族，有固定的休假時間，也可以說這些朋友有閒暇時間，所以當你只要吆喝一聲，這些朋友便來幫忙或一起遊玩了。同時也表示，你和朋友間的吃喝玩樂，在一起連絡感情的時間也多，因此你也是用這種方法在交朋友和攏絡人的。你會看起來人緣很好，也很會把握時機，用人得當。用這些朋友來成就你的富貴的大業。當然，有這樣的朋友運，你就更容易從事一些和人脈有關，或和休閒、娛樂、養生、韜光養晦有關的事業了。

當天同和擎羊同宮在僕役宮時

當天同和擎羊在僕役宮時，表示朋友運不佳，朋友是表面溫和，內心險詐、陰險的小人。朋友的文化和財富的層次不高，因此你本身也會家窮或不富裕，也沒機會交到好朋友，可能常受朋友侵害。你對待朋友的方式也是保守、想的多、用心機的，因此好的人也不會靠近你。你也可能只和一些有殘障的、窮的、頭腦不好的朋友來往。

當天同和陀羅同宮在僕役宮時

當天同和陀羅同宮在僕役宮時，你的朋友都是看起來表面溫和，但笨笨蠢蠢的。你本身身體弱，或有些傷殘現象，或家世不好，因此不想找太聰明的人做朋友，只找一些看起來還溫和、脾氣好、動作慢、悶聲不吭、笨笨的人做朋友，對你來說較安全，他們也會聽你的話。但這些人也未必真的沒脾氣好相處，有時也有小陰小險的使你吃虧受氣。

當天同、火星或天同、鈴星在僕役宮時

當天同、火星或天同、鈴星在僕役宮時，朋友是外表溫和，但內在脾氣急、火爆、衝動，思想有古怪聰明的人，也會不務正業，或與黑道有關。你不是同流合污，就是與朋友常起衝突不合，你本身在交友上也是突然會交一些三教九流的人，不重視朋友品質，沒有原則，周圍出現什麼人，你就有什麼樣的朋友，遲早朋友會帶給你災害。

當天同和天空、地劫同在僕役宮時

當天同和一個天空，或一個地劫同宮在僕役宮時，表示你的朋友還是溫和、有禮貌、有品行、程度好的，只是朋友和你連絡少，朋友對你無太大的助益，你也不會想找朋友幫忙事情，你和朋友之間是『君子之交淡如水』的狀況。

當天同和天空、地劫一起同在僕役宮（在巳、亥宮）時

當天同和天空、地劫一起在巳、亥宮為僕役宮時，表示根本沒朋友。你會較喜孤獨，不想和人來往，也不想有人來關心你。你會和人保持距離，同時你也可能兄弟少或無兄弟，根本不知道如何和人交往。

當天同和祿存同宮在僕役宮時

當天同和祿存同宮在僕役宮時，你的朋友少，可能只有一、兩人。他們是溫和、保守型的人，也會是小氣、自私型的人，你能從他們身上得到的助力少。因為你的環境不好，較窮又較競爭，爭鬥多，你的事業運也不佳，因此你的社會地位也不高，能交的朋友有限，只要有個人願做你的朋友已不錯了，因此即使是自私、小氣的人，也比沒有好。同時，你對待朋友的態度也不大方，也是小氣吝嗇，及有些自私的心態的，物以類聚，故較難交到大方的好朋友了。但你這些朋友還算是溫和、不嚕嗦的朋友，也懦弱怕麻煩而已。

府相同梁
《下冊》

同陰在僕役宮

同陰在僕役宮時，**在子宮**，朋友溫和、長相美麗、溫柔多情義。你和朋友多半是薪水族，且錢財平順，是有一點家財和儲蓄的人。朋友也會對你有助益。你對待朋友也會溫柔、體貼，深情以待。會有知心的好朋友來相互幫助。有羊、火、鈴、祿存、化忌同宮時，好朋友少，相互助力也少。朋友易是保守或陰礆的人，他們的財力也較弱。**在午宮**，朋友仍溫和，但感情較淡薄，朋友窮、相互的助力少。你也對朋友及屬下的感情較淡薄，不親密，知心朋友少。再有擎羊、火、鈴、劫空、祿存、化忌同宮時，朋友運更差。人際關係不好，或因人遭災。有同陰在僕役宮，朋友是一般普通人，成就不算大。

同巨在僕役宮

同巨在僕役宮時，朋友運不佳，多口舌是非、誹聞、因人遭災。你的朋友或部屬會是表面看起來裝模作樣是好人，但私下會傳遞黑函或打小報告，或說你壞話的人。你一直和人有爭執、不合的狀況，也易受陷害，遭人誣陷。你朋友之間的口舌是非亦很多，別人是非會波及你。因此你易結交小人，又看人不清，認人不明，惹惹上身。**有羊、陀、火、鈴、化忌、劫空同宮時**，你易不喜歡和人來往，一來往就有事。有同巨在僕役宮，朋友地位不高，也無大成就。

府相同梁
《下冊》

同梁在僕役宮

同梁在僕役宮時，朋友運都還不錯。在寅宮，易有年長於你的朋友，會對你好。在申宮，易有年輕於你的人會對你好。他們都是性格溫和穩定的人。也都是一般普通人，無大成就、高地位之人。在寅宮時，朋友也是成熟、世故、穩重、知上進、好學習、有理想之人，在求知與事業上對你有助力。在申宮時，朋友常是愛玩、可愛、幼稚、不成熟、喜歡享福、打拚力不強、事業運較弱之人。在玩樂上對你有助力。

有陀羅同宮時，朋友較笨，對你也助力少。**有火、鈴同宮時**，朋友有古怪聰明，對你也無助力。**有劫、空同宮時**，兄弟和朋友皆少，易孤獨，人緣不佳，也沒人幫你。**有祿存同宮時**，朋友少、人緣不佳，易孤獨、保守。知心者一人而已。

第二節　天同在『兄、疾、田』對人之影響

天同在兄弟宮

天同單星在兄弟宮時

當天同單星在兄弟宮時，表示兄弟是具有溫和、講道理、喜愛講求和平公正的人，兄弟感情還不錯，很少有臉紅脖子粗不愉快的時候。即使有爭執也會很快和好，不會鬧很久。

有天同單星在兄弟宮時，通常你不是老大，就會是兄弟中排行較小或最小的。你會用一種稚嫩的心態對待你的兄弟姐妹。倘若你

是老大，你就會用哄小孩的方法呵護弟妹。倘若你是兄弟姐妹中較小的，你就常會用一種撒嬌的態度，仰望你的長兄、長姐們。因此這兩種心態都是一種較溫暖、不計較，有親情聯繫而形成的一種較放任、又懶洋洋的，隨其自然泛瀾的溫情主義。因此兄弟姐妹間任何一人需要幫助，你都會伸出援手，絕不推拖。兄弟姐妹相互有情，彼此也不太會為對方製造麻煩，大家會謹守分際來相互對待。這是在天同居廟時的兄弟宮會形成的狀況。

當天同居平時，你會為兄弟姐妹的事有點忙碌了。但主要還是忙一些無關緊要的事，或忙些兄弟姐妹間玩樂、吃喝，相互交際來往之事。有時候兄弟姐妹仍會對你提出一些需你相助之事來讓你奔波不停。

當有擎羊和天同居平同宮時，是『刑福』色彩。無論擎羊居廟或居陷，你的兄弟都會有傷殘現象，兄弟一人，可能有身體外觀上的殘缺，或是智能不足，或不婚或不能生育方面的問題。並且兄弟間的感情有剋害、不合，兄弟也易早逝。你是沒有兄弟助力的人，也不易交往到親如兄弟的好朋友。

當有天同和陀羅同宮在兄弟宮時，兄弟間時有爭執，或彼此在內心相互仇恨。你的兄弟是外表溫和，但腦子笨，個性又悶聲不吭的，有事情會藏在心底不說出來，因此你常搞不清楚兄弟到底內心在想些什麼。彼此相處冷淡，芥蒂很深。

當有天同和祿存同宮在兄弟宮時，兄弟是溫和、保守、內向、小氣吝嗇的人，會在重要的時刻或重要的事情上才會幫你。同時你的兄弟只有一人，可能還會有一、兩個姐妹。你的命宮有擎羊，故你是個愛爭好鬥的人，你和兄弟姐妹的感情不會太親密，你的兄弟姐妹也不會太有錢，只是一般能有衣食的普通人，因此你和你的兄弟姐妹的社會地位都不會太高。

當有天同和火星、鈴星在兄弟宮同宮時，兄弟是脾氣壞、性子急、衝動的人。你和兄弟間的感情常有意外突發的衝突的問題。你的兄弟也可能會和黑道有關。你也可能無兄弟姐妹。

當有天同和一個天空或一個地劫在兄弟宮同宮時，表示兄弟性格溫和，但他和你思想不一樣，也會價值觀不一樣，兄弟間也會來往少，相互沒有助力。

當天同和地劫、天空一起在巳、亥同宮為兄弟宮時，無兄弟，或有不來往之兄弟，或有未曾謀面之兄弟。可有姐妹。

同陰在兄弟宮

天同、太陰在子宮為兄弟宮

天同、太陰在子宮為兄弟宮時，兄弟姐妹是長相美麗、陰柔、氣質好的人，也容易是做薪水族、公務員行業的人，生活很穩定、富足，也很會存錢。你也會特別和姐妹的感情濃郁，相互體貼親密。姐妹也會對你照顧有加。你若有兄弟，感情也是同樣很親密的。

有擎羊同宮時，兄弟姐妹不和，尤其你會和姐妹較不和，會和兄弟姐妹中之一的溫和懦弱的人感情略好一些，和其他的兄弟姐妹都不和。你的兄弟姐妹中也會有錢財不順和工作不順的人。亦容易有不婚的兄弟姐妹。

有祿存同宮時，表示有兄弟一人，姐妹稍多，兄弟姐妹是性格保守、有點小氣，外表瘦型美麗的人。他們的財力並不富有，只是能過普通日子的一般族的人。他們會在節骨眼上才會幫助你。

有火星、鈴星同宮時，表示兄弟一、二人，姐妹也不多。你的兄弟姐妹長相較普通，還算美麗，但脾氣不好，有古怪聰明，也不易留得住錢財。

有一個天空或地劫同宮時，表示兄弟姐妹還算美麗、溫和，但思想和價值觀和你不一樣，有時也感情淡，或他們有古怪的聰明。你不太會找兄弟姐妹幫忙，兄弟之情似有若無。

有天同、太陰化忌同宮時，和兄弟姐妹的感情淡，和兄弟還好，和姐妹尤其不和，易爭執、嫉妒、吵架。你的兄弟姐妹和你都是不善於表達感情及關懷的人。

天同、太陰在午宮為兄弟宮

同陰在午宮為兄弟宮時，兄弟姐妹較窮，你和弟姐妹的感情也較淡薄，但他們仍是溫和、長相還算不錯的人，兄弟間幫助少，你也不太會將自己的狀況或困難向他們講。大家也許各忙各的，有必要時才連絡。而且是父母在時還有連繫，父母不在時，就鮮少連絡了。尤其你和姐妹的感情是很淡的，相見時只有表面應付的話語。彼此都是不善於關懷別人及不擅於表達感情的人。

有擎羊同宮時，兄弟姐妹少，兄弟只有一人，他是外表溫和、懦弱，但內心狡詐陰險的人，你們彼此不和，易有爭執，或不來往。也易有不婚的兄弟姐妹或受其連累。

有祿存同宮時，兄弟姐妹少，有兄弟一人，姐妹可多一、兩個，兄弟是小氣、保守、吝嗇、懦弱的人，財少，但很會保護自己，你看不慣他，你的命宮有擎羊，所以你比較凶悍、強勢，雖然你和兄弟感情並不深，但你會維護自家人，故必要時，你也會幫助自己的兄弟姐妹，但兄弟姐妹之情份、緣份是不多的。

有火星或鈴星同宮時，兄弟少或無，他是脾氣暴躁、衝動，不好相處的人，你們彼此之間少來往、溝通。

有天空或地劫同宮時，兄弟姐妹少，感情不深，也少來往溝通，相互無助益。

有天同化權、太陰化祿、祿存在午宮為兄弟宮時，兄弟姐妹不多，有兄弟一、二人，他們是長相還氣派、美麗、多愁善感，但內心保守、小氣，有自己的生活方式，有工作，會自己顧自己的人，但你也能維持表面上的情誼。但你們都是一般中等命格的人，彼此之間的互相助益也不大。

有天同、太陰化忌在午宮為兄弟宮時，兄弟財少，且常有錢財困擾和糾紛，你和兄弟間有感情糾葛，尤其和姐妹不合，相互仇恨嫉妒，易不來往。

同巨在兄弟宮

同巨在兄弟宮

當兄弟宮是天同、巨門時，表示兄弟少，兄弟都是懦弱又多是非之人，也容易有同父異母的兄弟。兄弟間常吵吵鬧鬧，或彼此內心有心結。兄弟的成就不高，或彼此少來往或不來往，不講話，也可能你根本不知道還有一個兄弟存在。

天同、巨門、擎羊在兄弟宮時，有兄弟一人，或無兄弟，不和或無緣份，不來往。

天同、巨門化忌、擎羊在兄弟宮時，無兄弟，或有一人，是異母所生之人，相互仇恨、不來往。也有爭鬥招災之事。

天同、巨門權化權、擎羊在兄弟時，有長兄，不是同母所生，彼此緣淺，不來往，或彼此知道後有是非糾紛、爭鬥，相互撻伐。

同巨、陀羅在兄弟宮時，有同父異母之兄弟，多是非，兄弟較笨，不來往，或受連累招災。

同巨、鈴星或同巨、火星同宮時，無兄弟或有兄弟一人，同父異母，彼此不來往或不相識。

同巨、天空或同巨、地劫在兄弟宮時，無兄弟，或有不來往或不相識之兄弟，相互無助益。

同梁在兄弟宮

天同、天梁在兄弟宮，在寅宮，兄弟很和睦，有長兄、長姐會照顧你，或是有年幼的兄弟姐妹會受你的照顧，你願意為兄弟姐妹付出關愛，並以他們為榮，兄弟姐妹是性格溫和、穩定，且事業順利之人。你會在一個和樂的家庭中長大，兄友弟恭，幼年時代很快樂。

有陀羅同宮時，兄弟外表還溫和，但比較笨，性格悶悶的，你的命宮有祿存，你自己是保守、吝嗇、內斂、事事小心的人，和兄弟還算和睦，但會看不慣兄弟耗財多的事情，你和兄弟間的溝通也少，仍有是非口舌的問題。

有天同、天梁化權、陀羅在寅宮為兄弟宮時，表示家中有長兄、長姐當權管事，或照顧你們，或支撐家庭，他會用一種強勢的、又溫和的，又帶一種笨笨的方式來管你或照顧你，你在某些方面會服膺他的照顧，但某些方面仍有微詞、不滿。是表面上和睦，但內心有怨言的狀況。

有同梁、祿存在兄弟宮同宮時，有兄弟一人，兄弟是外表溫和、老實、保守之人，你的命宮有擎羊，是武殺羊坐命的人，你會較窮、又凶，兄弟會怕你，也對你好，但會在錢財上更小氣，守得緊。

有同梁、火星或同梁、鈴星在兄弟宮時，兄弟是外表溫和，但腦子有怪怪聰明的人，脾氣壞、衝動。你們是大致和諧，但時有衝突的。

有同梁和一個天空或地劫同宮時，因對宮的僕役宮會有另一個地劫或天空，你會兄弟少或無兄弟，人際關係不好，容易孤獨，少和人來往。即使有兄弟，也似有若無，無助力。

同梁在申宮為兄弟宮

同梁在申宮為兄弟宮時，兄弟還和睦，易有年紀小的兄弟姐妹，你們會有好玩的事玩在一起，但在其他的事情上，不會彼此幫忙。你也易有較懶惰的兄弟姐妹，彼此助益少。

有同梁、陀羅在申宮同宮為兄弟宮時，兄弟不多、較笨、更懶，你們彼此多是非，兄弟是性格溫和又悶悶的人，彼此少溝通來往。

有同梁、祿存同宮時，兄弟一人，他是溫和、保守，只顧自己的人，你的命格是『武殺羊』，故你較窮，兄弟又小氣，也幫不了你。兄弟會有一點衣食上的小錢。

同梁、火星或同梁、鈴星在申宮為兄弟宮時，兄弟少或無，脾氣壞、不和、多是非爭鬥，兄弟易是與黑道有關，或不工作、遊手好閒之人。

同梁、天空或同梁、地劫同宮時，兄弟少或無，或少來往，在你的僕役宮有另一個地劫或天空會相照兄弟宮，因此你是人緣不佳，少朋友或少兄弟之人，容易孤獨，少和人來往。即使有兄弟，也是似有若無，無助力。

天同化權、天梁在申宮為兄弟宮時，家中有長兄掌權管事，當有事時，他會出面擺平，但平常他是很少照顧你的。你也容易有一個作威作福的長兄或長姐，同時你也容易是家中付出勞力多的人。

天同化祿、天梁在申宮為兄弟宮時，因天梁居陷，表示兄弟是世故、圓滑、溫和之人，喜歡享福玩樂，天生好命，但不會照顧你，對你好。

天同化祿、天梁在寅宮為兄弟宮時，因天梁居廟，表示兄弟是溫和圓滑的人，會有固定工作來生財，在事業上打拚能力好，有點愛玩、愛享受，但仍會照顧你、對你好。

天同化權、天梁在寅宮為兄弟宮時，表示兄弟姐妹中愛玩、愛享福的事情多一點，但兄弟姐妹還是相互有照應，彼此有助力的。

天同、天梁化祿在寅宮為兄弟宮時，天同居平，天梁化祿居廟，兄弟間和睦，但會有感情包袱，相互有拖累狀況。因你的命宮有武曲化忌、七殺，你會在金錢上拖累兄弟。

天同、天梁化祿在申宮為兄弟宮時，天梁化祿居陷，兄弟間不談錢可和睦相處，也無法在金錢上支助於你。

天同入疾厄宮

天同單星入疾厄宮

天同在巳、亥宮居廟入疾厄宮時

天同單星入疾厄宮時，在巳宮或亥宮為居廟時，疾病少，安康，一生健康情況好，但要小心膀胱、疝氣、墜腸、水道疾病的問題，例如腎臟炎、膀胱炎、尿道炎、陰道炎、腸疾或耳疾。若無刑剋，即使有點小毛病，也易醫治，無大礙。**若有陀羅同宮**，易有手足傷災、破相，牙齒受傷、齲齒，駝背、縮腰、背骨突出、車禍外傷、鐵石之傷、筋骨酸痛、濕氣、肺部較弱的問題。

有火星、鈴星同宮時，有皮膚病，或體內水火不調和、濕疹、聲音瘖啞、瘍疽、長腫瘤、腫塊的問題。

有天空、地劫同宮時，會生癌症，或怪病。

有天同化權入宮時，宜小心肝腎、膀胱的問題，或腎臟纖維化的問題。女子要小心卵巢或子宮長肌瘤。

有天同化祿入宮時，宜小心腎水少，腎及膀胱及內分泌的問題，以及生殖系統較弱的問題。

有天同化科入宮時，宜小心膀胱、腎、泌尿系統、內分泌及淋巴系統有問題。

天同在卯、酉、辰、戌宮居平入疾厄宮時

天同在卯、酉宮時，要小心耳疾，以及血液循環不佳，或下半身寒冷及腎、肝、膀胱、泌尿系統較弱的問題。女子要小心婦女病的問題。更要小心神經系統較弱的問題。

天同在辰、戌宮時，要小心膀胱較弱，以及心臟病、心臟有濕氣、雜音的問題，也要小心腸胃不佳，血壓高或血壓低，神經系統不良症，也要小心耳疾或眼疾。

有擎羊與天同同宮時，要小心心臟病、肝病、腎臟病、血壓的毛病，神經系統不良症，易有傷殘現象，或要開刀、會眼目不好、生殖系統不良症。還要小心酒色之疾。

有火星、鈴星與天同同宮時，要小心皮膚病、濕氣、耳疾、肝腎不佳、膀胱、血壓的問題，及長腫瘤、癌症問題。

有天空或地劫和天同同宮時，最要小心癌症，或膀胱方面的問題，肝、腎不好或生殖系統、泌尿系統有問題。

同陰在疾厄宮

同陰在疾厄宮，在子宮時，身體較好一點，**在午宮時**，身體較弱，都要小心膀胱、肝、腎及泌尿系統、生殖系統的問題，以及內分泌的問題。容易脹氣、腸胃不佳。女子還要注意婦女病的問題，乳房和生殖系統要小心。無論男女，都會有下半身寒冷、血液循環不好之現象。**有擎羊同宮時**，特別要小心肝病、眼目不佳、易開刀、腎臟有問題。**有火、鈴同宮時**，會有皮膚病、腸胃不佳、毛髮不好，容易長腫瘤。**有天空、地劫同宮時**，要小心癌症。

有太陰化忌同宮時，會眼目不好，要小心肝、腎、生殖系統、泌尿系統或婦女病的癌症。如乳癌、子宮頸癌、卵巢或子宮等癌症。

同巨在疾厄宮

同巨在疾厄宮時，身體不算好，要小心心臟病、血壓問題、神經系統不良、血液循環不佳、消化系統不良等問題。**有擎羊同宮時**，心臟病和血壓及神經系統的病症會嚴重，容易開刀，或有傷災。也要小心胃疾、眼目不好、腎臟較弱、腎臟病等問題。**有天同、巨門化權、擎羊在疾厄時**，特別要小心肝臟、腎臟的問題和眼目不佳的問題，易有傷殘現象或開刀現象。

有火星、鈴星同宮時，要小心皮膚病與長腫瘤，消化系統、神經系不良症。更宜注意酒色之疾，以及精神躁鬱症。

有天空、地劫同宮時，要小心癌症，及心臟、血壓、神經系統的問題。

有天同化權、巨門化忌、擎羊在疾厄宮時，有傷殘現象，及耳疾、眼疾、心臟病、消化系統或泌尿系統的問題，也易得癌症，或須開刀校正。

同梁在疾厄宮

同梁在疾厄宮時，都要小心心臟病，以及腎臟較弱、胃不好的問題。**如在寅宮**，要注意腎虧、腎弱，尤其八字中土重之人，腎臟及眼睛是易生疾病的。**在申宮**，易有膀胱、腎、泌尿系統的問題。

有陀羅同宮時，易有傷災、破相、牙齒不好、手足傷、肺部、肝腎，都較弱，也易有內臟有濕氣、筋骨酸病等問題，胃部也不好。**有火、鈴同宮時**，易生皮膚病及長腫瘤，也會有心臟、肝、腎、胃病的問題，以及內臟有濕病、神經系統不良症、或有精神躁鬱症的問題。**有天空、地劫同宮時**，先天遺傳因子不佳，會有家族性癌症的問題、心臟、肝、腎、胃部都較弱，亦會有眼目不佳，或耳疾的毛病。

天同在田宅宮

天同單星在田宅宮

當天同單星在田宅宮時，都表示其人的家庭中是平順、有福、少事端的。家人是溫和、相互關懷、幫忙、不惹事、相處和睦的。同時，其人的家庭也是平常人之家庭，沒什麼特別之處，家人都是來享福的，你會把所賺的錢都拿回家中，供養家人。家人的能力都比你差，是你在養活他們的。**當天同居廟時**，家人更會享福了，會生活舒適，家人會追求幸福和樂，悠閒的生活方式為人生目標。**當天同居平時**，家中還是偶而會有是非，或讓家人忙碌的小插曲，尤其是當你的子女宮有化忌或羊陀來相照田宅宮時，家中仍會有是非、災禍之事，子女的問題會讓你忙碌。

有天同在田宅宮時，田宅宮也是財庫，故你會有房地產，也能享受擁有祖上或父母留給你的房地產。**當天同居廟時**，你自然而然會擁有房地產，而且財庫牢靠，房地產不易賣掉，能穩當的保存，也會漸漸增多，但多半是白手起家自置的。**當天同居平在田宅宮**

時，房地產會先少後多，漸漸增加。

當天同在田宅宮時，你的家中是錢財順利，能有餘錢來享受一些物質生活上的享受的。但一般花費，容易花在一些普通的衣食住行方面的享受。不太會買或擁有貴重的物品或古董之類的東西。並且在家居裝璜方面，也只是普通的裝潢，不會有太奢華的裝飾品或裝飾物，你喜歡簡單一點、好用、舒適的家具用品，不會太喜歡看起來美麗而無用的東西，而且會在你家居裝璜或家中顏色方面多半是以黑白、藍色、水色較多，是以金水系列色彩為主的顏色，你所居住的房屋也會是外貌不顯眼，很普通的房舍，但會是以休閒式的舒適景觀為主的房舍。

當天同、擎羊在田宅宮

當田宅宮有天同、擎羊時，家庭不健全，易家窮，或父母離異，或自己離婚，而造成家庭分散、破碎。也易錢財留不住，失去或根本沒有房地產。家中易有傷殘現象，你也易無子、或不婚，或離婚。女子有此田宅宮時，有傷殘現象，易子宮有問題，或不能生育，或失去子宮。你的財庫受到刑剋，從你的父母輩就開始不會太好了，你也命中財少，因此你的財庫也是破的，存不住錢，你也享不到福。你會小氣、保守、工作能力也差，但你破耗的程度卻是十分厲害的。家中的人也會幫你破耗凶，你根本不喜歡回家，在家就有是非糾葛、很煩心。你也容易住在三叉路口，或有路沖嚴重的處所，更容易不孕、不生小孩、或不婚。你的住屋也容易破敗、漏水，須要整修。你也常容易搬家或遷徙。

有天同、陀羅同宮

有天同、陀羅在田宅宮同宮時，表示房地產留不住，或有破舊、不美麗的、不值錢的房地產。你的財庫常被磨平了，會窮困。你的生活等級不高，生活較粗俗、簡陋，或不富裕。你也易住在破舊、雜亂、或有墳地之旁、偏僻地方。你的家人也多半笨笨的、還溫和的人，但和你不同心，也容易有是非口舌，或內心相互嫌惡。相互不溝通，你也易房地產留存不住。

天同、祿存在田宅宮

天同、祿存在田宅宮，在巳、亥宮會有一、二棟漂亮或值錢的房子。**在巳宮有天同化祿和祿存同宮**，表示房子會值錢一些。在卯、酉宮時，會有一棟房子，但不算太值錢，只是普通的公寓和房舍。**但有天同、祿存在田宅宮時**，都表示你容易住獨棟的房子，或獨自一人居住。家中人丁少，你也少和人來往，你家中的人是性格保守、內斂、小氣的人，會自顧自、自掃門前雪，不太管鄰居或其他人家的事。你的家中也是簡單、普通、沒有太多裝潢的房子。你的財庫也不太大，能足夠生活，有普通衣食之祿的生活形態。

天同、火星或天同、鈴星在田宅宮

當田宅宮有天同、鈴星，或天同、火星時，表示你的財庫表面看起來不錯，但仍多破耗，或突發事件會耗財。房地產留不住，會失去很快。你家中的人，也是表面看起來溫和，但會是性情暴躁、不穩定的人。你的家庭也易和黑道有關。你容易住在表面祥和，但內藏危機的房子之中。你所居住或所擁有的房子，易是外觀有突出物，或有奇特圖樣、有怪異顏色的房子。家中也容易有奇怪的人出入或同住。天同若居廟，火、鈴也居旺時（在巳宮），表示會有突發買房子或突然賣房子的事情發生，還會擁有房子，易快速減少及賣掉。天同居平，火、鈴居廟或居旺時（在戌、酉）宮，易突然買房子，或突然失去房子，仍不易留住。

天同、天空或天同、地劫在田宅宮

當田宅宮有『天同、天空』，或『天同、地劫』時，會在卯、酉、辰、戌宮出現，天同是居平位的。這表示曾經會有房地產，但會因有古怪的想法而賣掉。或者對房地產的觀念不深，也未必對擁有房地產有興趣。你的財庫常空茫，你有時會忙了半天，而並不一定能存得了錢。你家中的人，表面相處和順，但並不真正相互關心和瞭解。同時你對你居住的處所周遭的環境也不太瞭解。當女子有此田宅宮時，子宮會較弱，或有疾病，在生育能力上不是很強的。但也未必不能生育，須要多保養子宮。

天同、天空、地劫一起同宮在田宅宮（在巳、亥宮）

天同加天空、地劫一起在巳、亥宮同宮為田宅宮時，沒有房地產，同時，你的家中常無人在家，你也對房地產沒興趣。你的子息少，也會錢財常不夠用，根本無能力購置房地產。這表示財庫也會空空。女子有此田宅宮時，要小心子宮有病變或失去子宮，不能生育，更要小心子宮的癌症，或生殖系統、乳房的癌症。

同陰在田宅宮

當天同、太陰在田宅宮時，**在子宮**，表示房地產多，有外表普通但值錢，又裝潢美麗的房地產。你的財庫豐滿、穩定，你是白手起家的人，會房子一棟一棟的漸漸增多，你的家人是溫和、體貼、溫柔多情義，又會幫你存錢、聚集財富的人。因此你在幼年辛苦，但在中、老年以後漸漸積富，能過好日子。你所住的房子是平民化但裝飾美麗，講究美好氣氛的房子。

有擎羊同宮時，表示你的財庫有漏洞，房地產不多，或根本沒有。你的家人會暗中爭鬥，也會有懦弱之人，不合，家宅不寧，家人不同心。你也容易住在雜亂或外表還好，但內部有缺陷的房子之中，又容易住在環境複雜的地方，或有三叉路口的地方，也容易住在自以為美麗，或美麗的很奇怪的房子之中。女子有此田宅宮時，子宮容易開刀，或影響生育，或失去子宮。也要小心乳癌或婦女的疾病。

有祿存同宮時，表示你的財庫不大，是穩定、保守、小氣的財庫。你會小心翼翼每天很很擔心的守著你的財庫。你的官祿宮有擎羊，福德宮有陀羅，因此你的財庫是被『羊陀所夾』的，你會在事業上多競爭而賺錢沒那麼多，但會有計劃的、小心謹慎的存錢。你家中的人，也會保守小心、謹慎的存錢。家中人少、家中財富不多，能有衣食平穩之財祿，但不會有大財，房子一棟，會小心收拾整齊美麗。你的子息也不多，有子一人，女兒可多一些。

有火星、鈴星同宮時，是刑財格局，你的家中表面平和，但常有突發事件，或有奇怪的人出入。你的財庫不穩定，易有突然花費及耗財現象。房地產多，但也會突然賣掉，你的家人表面溫和、穩定，但私下脾氣壞，或有一、二人脾氣壞。你容易住在美麗的社區中，但你家有獨樹一格的現象，有特別的顏色或標幟。

有天同、太陰化忌或田宅宮時，你和房地產有過節，會擁有，但也易賣掉，你家中的人易感情不順，你也易和家中女性不合，你的錢財常存不住，財庫中的錢財常有麻煩。不順，也會財少。

有天同、太陰化權在子宮為田宅宮時，你會擁有很多房地產，對房地產有主控權，你的財庫豐滿。你家中的人是溫和、有情義的人，家中有女性在當家管事，女性尤其對你有幫助，會幫你存錢。你銀行中的存款也多，你也會住氣派、值錢、美麗的房子。

有天同化權、太陰化祿同宮時，表示能白手起家自己購買很多房地產，也能得到祖上留下來的房地產。但對宮（子女宮）有祿存相照田宅宮，子息少，兒子一人，若女兒可多一些，則家財會更多，且留存更久遠一些。而且你在家中會和女性，包括女兒、妻子、母親，感情更親密，他們也會更幫你生財、儲財。

天同化祿、太陰在田宅宮時，能白手起家而買房地產，但子女宮有擎羊來相照，故房地產不多。有女兒多時，也能多一些，不過你終究是和子女不合，或你財不多，因此財庫不會太大，房地產只是住居舒適而已，也不會買太多。

天同、太陰化科、祿存在子宮為田宅宮時，會白手起家，自己買一棟房子居住，會把房子收拾整齊。你的家人保守，很會存錢，家中人丁不多，你的財庫也不大。有衣食溫飽而已。

同陰在午宮為田宅宮時

同陰在午宮為田宅宮時，表示你家窮，房地產少，也可有一棟，或沒有。你的財庫常空虛無錢，你容易住在不富裕或環境複雜的地區。你所住的房子也容易是舊又不美麗的房子，但還算整潔，你的家人是彼此關心少、情份淡的人，也可能是不太會表達感情的人。女子有此田宅宮時，要小心子宮較弱及生殖系統較弱，下半身寒涼等問題，要多進補。

有擎羊同宮時，家窮，易無房地產，即使有，也會讓你頭痛，快些處理掉，你的家中常不和睦，會因錢財有紛爭，尤其女性吵得更凶，和你不合。你的財庫根本存不住財，也進不了財。你會住在有刑剋或三叉路口，或有尖銳物、不吉的房子之中。女子有此田宅宮時，易拿掉子宮，或子宮常出問題，易不能生育。

有祿存同宮時，為天同化權、太陰化祿、祿存同宮，會白手起家，辛苦努力，為一棟房子打拚。你的家人相處大致祥和，但會保守，自顧自，你的官祿宮有擎羊，故你也會工作上競爭多，為子女也辛苦多。

有火星、鈴星同宮時，家窮，家中易有突發之災害。家人易脾氣不佳，或有奇怪的人同住，或你會住在較窮又奇怪的地方。你的錢財也存不住，易耗財得快，即使有房地產也是不太值錢的房子，也容易賣掉。

有天空、地劫同宮時，家窮，家中常無人在家，也易不婚，或無子，家人相互關心少，財庫易空茫，你和父母、家人皆不親，你易四處為家，或根本不想擁有房地產而穩定下來，即使有房地產也易賣掉。

有天同、太陰化權、擎羊同宮時，不一定有房地產，會家窮，有房子也賣掉，家中爭鬥多，女人掌權管事，跟你有刑剋。女子有此田宅宮，易子宮開刀或拿掉，易不能生育。

同巨在田宅宮

當同巨在田宅宮時，房地產少，也會買了又賣掉。若子女宮好的人，房地產可多一些。有羊、陀、火、鈴在子女宮時，房地產也留不住、也少。也會家中無兒女，或有旁支或懦弱的兒女。自然家中是不安寧的。你的家中多口舌是非之事，家人不和，家人也對你無助益，且常有瑣碎不吉的麻煩事使你煩心。

有天同化權、巨門化忌、擎羊在田宅宮時，會在未宮出現，家產留不住，會家窮，父母窮，家人會分東離西，不健全，或家人早亡，也易家人遇災而亡。你自己本身在生育機能方面也較弱，身體會有問題。如果是女子時，你會子宮有病變或缺陷，無法生育。你也易過不穩定的生活。

有同巨、陀羅在田宅宮同宮時，家窮、破耗多，易無房地產，或有破舊、不美麗、價值不高的房地產。財庫也易有破洞，存不住錢，或無錢可存。你的家人也相互不和。

有同巨、火星或同巨、鈴星在田宅宮時，家中易突生變故，也易耗財，或窮困。家人脾氣火爆，易有衝突，多是非、不合。若是女子，則子宮易生肌瘤，或易出血，不易生育。

有同巨、天空或同巨、地劫同宮時，家中常無人在家，家人彼此有心結不和，也不想溝通。你的房地產和錢財常因你思想不實際，或內心多是非而留存不住。若是女子時，要小心子宮生癌症，或失去子宮。

府相同梁
《下冊》

同梁在田宅宮

當同梁在田宅宮時，在寅宮及在申宮是不一樣的狀況的。

在寅宮時，你會白手起家來購買房地產，父母長輩也會留房地產給你。你的家中有長輩幫忙照顧，生活會平順，少波瀾。你的家人相處合諧。你的財庫會穩當牢靠，可慢慢打拚來存到錢。

有陀羅同宮時，表示白手起家，能買房地產，但有耗損，所擁有的房地產較粗陋、不美麗，也會較少及賣掉，或無房地產。你家中所住之房子也易有破損現象。

有祿存同宮時，表示能白手起家來購置房地產，但只有一棟。家中有保守的長輩照顧，家中不算太富裕，有衣食而已。你的家人都是保守、溫和、有點小氣的人，不太和人來往。你的財庫也不大，你也容易住在獨棟的房子之中，和鄰居少來往。

有火星、鈴星同宮時，白手起家，房地產易賣掉，家中財富易突起突落不穩定。家人脾氣古怪，你也易住在外貌普通，但略有怪異突起物或顏色古怪的房子之中。

有天空或地劫同宮時，表示不一定會擁有房地產，家中常無人。家中無子女的人，財富留不住，房地產也留不住。你也不喜歡長輩來照顧你或管你。

在申宮

當同梁在申宮為田宅宮時，天同居旺，天梁陷落，必須白手起家來買房地產，無法獲得父母及祖上留下的房地產，即使有，也是較少或價值不高的房地產，而且常遲遲拿不到，或有其他原因拿不到，有名無實。亦會因與父母不合，或父母較窮而沒有房地產。你的家人都較懶，愛享福，不喜別人管，也打拚能力不強，可能還須要你的打拚來幫助家庭，你的家庭也得不到長輩的照顧。你的家庭也只是一般普通小老百姓的家庭，默默無聞，家人中也鮮少有能幹出名者。因此你也會存錢不多，能守著一點死薪水已不錯了，無法有大錢可存。

有陀羅同宮時，家中窮，房地產留不住，或根本無房地產。家人是溫和較笨的人，你也會住在較雜亂或破舊失修的房子之中，更容易住在較低層社會環境之中，例如住在菜市場旁和廟宇旁。你的財庫不穩當，又易耗財。若是女子，要小心子宮有疾病，或月經不順。

有祿存同宮時，會有一棟價值不高的房子。你的家人膽小、保守、自私。你本人會在工作上不順利，起伏很大，也易遇災而亡，一生努力，會留下一棟房子。

有火星、鈴星同宮時，易無房地產，或留不住，家中易不平順，家人脾氣古怪、急躁，家人易不合。女子有此田宅宮時，易子宮長肌瘤或腫瘤，有突發病症。

有天空或地劫同宮時，無房地產，或留不住，你的子女宮有另一個天空或地劫星，易家中常無人在家，也易無子女，故錢財也存不住，財庫常空虛，也易耗損錢財，失去錢財。女子有此田宅宮時，易失去子宮，及無法生育，或不婚。

第十四章　天梁的特質與格局、形式

第一節　天梁的特質

天梁星是南干第二顆星，五行屬戊土，為陽土。主要是司壽、祿，為延壽之星宿。天梁代表父母之主宰，故化氣為『蔭』。亦有解厄制化之功能，故為貴人星，但必先遇災厄之後才與解救。天梁為主貴之星，能萬全聲名，有極品之貴。天梁更為神明之星，有宗教色彩。天梁所坐之宮位，為求神之宮位。天梁為師格，利於科甲及教育。

天梁的特質

天梁為『主壽』、『延壽』之星

天梁為『主壽』及『延壽』之星。天梁在南斗星群之中是主『老』的星曜，這代表宇宙間一種『生、老、病、死』的過程。當生命體走到『老』的過程時，就顯示出是一種成熟、穩定的時刻，這時候生物體會停滯、蟄伏一段時期，再接下來就要開始做延續生命，傳承生命及傳宗接代的任務了。再接下來就要照顧後代，燃燒生命的光輝到達高點，再漸漸沈寂，再進入『病』的另一個時代。因此在這一段代表『老』的時段是很長的一段時段，故稱為『壽』

的時期。

天梁星主壽，主延壽，必須天梁居廟或居旺時，才能延壽，或壽長。天梁居陷位時，也無法『延壽』。天梁居廟或居旺入命宮時，其人會長壽，表示這個人或此生物或生命體在地球上停留的時間較長。其延續生命的力量也較強，能完整的完成在宇宙出現及存活時的各種任務。

當天梁居陷入命時，因其本身的生命條件會略差，因此能延續生命、照顧生命的力量也較弱，故能完成任務的力量也不強了。

天梁是官星

天梁屬於官星，是事業之星。天梁的本質意義中具有代表名聲、智慧的涵意。這些名聲、智慧都是和做事有關的基本條件。因此當天梁居廟、居旺時，是具有好面子、知上進、重名聲、有智慧、好競爭，天生具有知道如何爭權奪利的天賦本能的。倘若有羊、陀同宮，就具有刑剋色彩了，便不具有此種能耐，其人也無法重視名聲，競爭力也不好了。也就會在事業上踟躕不前，或起起伏伏，難成名就了。

當天梁居陷時，也還是好面子、愛名聲的，但競爭力不強，易退縮或不好爭，自覺爭不過，較懦弱，因此名聲會不大，主要也是上進心會薄弱一點。

故而我們在看到天梁居廟或居旺坐命的人時，都會感覺到他們有一種雄壯、氣勢強，雖外表穩重，但有強烈的氣勢要主導一切事物的氣魄。而看到天梁居陷坐命的人，會感覺到他們特別溫和，有事時易退讓，不喜歡和人有衝突，會躲避是非，躲避爭奪的場面。

喜歡做一些輕鬆不費力的事，或東跑西跑好玩的事，故而在事業上的發展，就不會太大了，名聲也很難響亮了。

在人生重要的格局『陽梁昌祿』格之中，『陽梁昌祿』格雖是一種愛讀書，可具有高學歷，能具有名聲（文名），能具有考試能高中的優等特質的格局。但同時『陽梁昌祿』格也具有事業衝刺，及競爭色彩的重要內涵。倘若在一個人的命盤中之『陽梁昌祿』格中的天梁是陷落的時候，雖仍能考上，但分數不會太高，考第一名的機會是不太多的。因為在重要的機會及時刻時，你會讓，或聰明才智不太夠，或思想上會懦弱，要放棄做最好、最高的那一個人，因此不太會是拔頭籌的那個人了。

府相同梁
《下冊》

天梁是蔭星

天梁化氣為蔭，是蔭庇他人之蔭，蔭自己較少。因此通常稱天梁是貴人星。天梁是得到上天的助力，與分派任務，而行有餘力，能照顧他人的人。天梁若自私，只照顧自己，不照顧他人，就得不到上天的蔭庇，若能照顧他人，天梁坐命的人潛力就會很大，在事業上的發展就會很大。所以我們常會看到天梁坐命的人在富裕時，會籌辦慈善基金會，或兼做一些慈善之事，這是他本人先天就已有認知了。

天梁坐命的人，通常都會誕生在一個不平靜的環境之中，例如家庭中多災。是非多，或是社會紛亂的時代或時刻。他就是具有先天的任務來解救家庭或時代紛爭，撫平亂世的災厄，來造福及解救某些人的。雖然他的技術和觀念不一定好，但他會努力在做他自以為正確的事情。

天梁坐命者，家庭中都會有些紛爭或是非，會讓他很煩亂，有時想管又管不了，因此喜歡往外跑，管別人的閒事，這樣他還覺得在外人眼中，自己比較有份量。

天梁和天同兩顆星通常是秤不離鉈，鉈不離秤的。這兩顆星通常不是在三合宮位相照，就是在對宮或同宮，或隔一個宮位出現，這代表什麼意義呢？

這代表：天同是福星，是一種穩定的力量，天同是來相助天梁能自然而然的化解一切的不吉。當有災厄或不吉時，必須先穩定下來，才能逐一解決，而不會繼續亂下去、壞下去。人的思考能力也必須先穩定下來才能產生智慧，再凝聚競爭力，才再能出發，一舉獲得成功。因此，天同的助力在天梁來說，是不可或缺的。

天梁這顆貴人星的輔助力量，是必須先要發生事故，產生不吉的狀況之後，才能發揮力量的。倘若還沒發生問題，天梁的貴人助力是很難顯現的。所以天梁坐命的人幫助人，也不會隨便出手，必定是在關鍵時刻，再看準了救不救的成，才肯出手相助的。他也不會無止盡的付出幫助力量，也會有限度的釋出助力。

天梁這顆星具有霸道、自私、老大的心態，必須要聽他的話，或和他是同一國的人，是同屬一個小圈圈、小家族的人，或是相同團體或有相同信念及理念的人，他才會照顧蔭庇你，否則他是不會想管你或幫你的。

天梁在人的命盤上是管福蔭、管貴氣、管遇災難時能得人救助幫忙的一顆星。因此在每個人的命盤中都很重要。在你的命盤中，無論天梁在那一宮，要看天梁的旺度是居旺、居廟或居陷，也要看天梁的形式，是否有羊、陀、火、鈴、劫、空或有另外的化忌同宮，例如是文昌化忌或文曲化忌之類的，這些星是訂出貴人運、貴氣、福蔭的層次、大小、多寡的層次高低。如果有羊、陀、火、鈴、劫空、化忌同宮時，就會形成有刑剋的『刑蔭』格局。人生層次也會不高，人生成就也就不太會有高峰狀態了。如果天梁有祿存同宮，同樣的，也會規格化、限制了天梁的福蔭、貴氣，及遇災逢貴人助力的幫助及輔助力量，這也是不算太好的天梁形式了。

天梁不主財

天梁星不主財，主貴氣、升官、名聲，主事業運穩定，能得大名氣，但是名利是相輔相成的，人往往能因名氣大而得財，這是官旺生財（天梁是官星）。是故你若有天梁居廟、居旺在命、財、官、遷等宮，好好在事業上埋頭苦幹、好好打拼，會因工作績效佳而得大財。

有天梁在官祿宮的人，也會因有貴人、長輩，或比你年紀大的人的來介紹工作給你，使你得財。

有天梁在夫妻宮的人，會有年長於你的配偶，給你錢花，或照顧你，使你得財或擁有財。

天梁也是桃花星

天梁也是一顆大桃花星。不但有男女之間的情愛桃花，也有人緣桃花。**在人緣桃花方面**，是因磁場相同，或相互交換利益，或是願意照顧人或是願意受人照顧而形成之桃花。因此有『陽梁昌祿』格的人，也必因此大桃花而受人栽培，在競爭上也首當一指，競爭才會贏。因有此桃花，別人願意給你機會，讓你贏得勝利。

在兩性桃花方面，有天梁在命、財、官、夫、遷、福等宮的人，有異性緣，喜歡和人交際應酬，喜歡表達關心。有天梁在上述宮位的人，也容易有外遇，或常有戀愛機會。即使有擎羊同宮，還是會有桃花，只是不長久而已。

記得以前有一位女士找我算先生的命，她先考我，問我她先生有沒有桃花？這位先生是太陽坐命午宮的人，遷移宮有天梁、文曲、擎羊。我說：他有桃花，但不長久。她說：『沒錯！她先生外面一直有女人，但也沒丟下家離家出走或和她離婚。』又問：『他先生要去大陸了，會不會再有桃花而不回來？』

我告訴她：『這位先生的桃花不斷，但也不長久，每次待三、五天便結束了，而且不會和她離婚，也不會離家出走，因為外面環境不舒適，還是回家好，因此又回來了。而且他的夫妻宮是天同，表示配偶能容忍他，不會和他吵，雖然是一世平凡夫妻，生活有些乏味，但在外厭倦時仍會回家，只有在家中最安逸自在。

並不是每一位太陽坐命午宮的人，就桃花多，或每一位天梁在遷移宮的人異性桃花就多，這也要配合八字來看。某些太陽坐命午宮者八字剛正，也會只有人緣上的桃花，能在工作上發展運用，較不會有男女性愛桃花。結婚之後，再多男女異性桃花，就屬於邪淫桃花了。

上述這位男子，就是在八字中具有辰、酉這種邪淫桃花，再加上遷移宮有天梁、擎羊，是『刑官』的格局，會因貪戀一些小的艷遇，愛享男女情愛之福，而在工作上無成就。所以他做了十多年的公務員，四十歲就退休了，不再工作了。

天梁為師格

天梁的特性中，是有威嚴，喜照顧別人、教化別人、有機謀、有計謀、態度雖緩慢一點，但有智慧、臨事又果決，尤其看到笨的人，或幼小的人、晚輩的人，很愛教導別人和教訓人。一般他們能替人出主意，可為軍師型的人材。他們又善於競爭，因此在政治性的場合，喜弄權術，故為軍師型的師格。

天梁另外一種師格，就是做老師的『師格』、有天梁在命、財、官、夫、遷、福等宮的人，很容易在學校做老師，或做與學術有關的工作。他們天生有耐心，下至幼稚園的老師，上至大學教授，他們都會做得很好。而且其人的教書工作也易是別人或長輩，或年紀比其稍長之人介紹的。天梁還有一種師格：就是做算命師及宗教方面的傳教及傳道之師格，因此易做宗教大師或算命師。

天梁為神蔭星

天梁為神蔭星，凡有天梁入命、遷、財、官、夫、福等宮的人，多半有虔誠的宗教信仰，有神明會庇佑他。而且在這些人之中，常有感應神跡出現的人。其人會在宗教性、哲學性的領域中有獨特感應。因此能成為乩童之類的人，也必須有天梁在命格之中。

命格中有天梁居旺的人，也容易從事算命業，或與宮廟、教堂、神壇有關連的工作。其人常為教友或從佛道之人。

命格中天梁所坐之宮位，也為求神占卜之最佳方位。尤以在坤卦、艮卦之方位，求神問卜最為靈驗。命格中有天梁化祿時，最迷信宗教，會為宗教奉獻，喜添香油錢。命格中有『天梁、陰煞』同宮的人，容易神鬼不分，或將神鬼混雜，因此要小心信宗教，以防相信邪教或邪靈，而傷害自己，要信正派宗教才能免災。

天梁在命宮，天梁居廟時，高壯。居旺時，中等身材，骨重壯碩。居陷時，較矮而瘦弱。其人會性格孤高、不合群、正直無私，有名士風度。居旺時，有威嚴、善舌辯、臨事果斷、有機謀。居陷時，較懦弱、無威嚴，口才也未必好，做事多猶豫，較無機謀，但仍有正義感，不愛掌權管事，也易東飄西蕩。天梁坐命者，都外表穩重，喜歡管別人家的閒事，自己家內事不愛管，易做義工或慈善事業，或教育類的工作，或在宗教團體中工作，會有與平常人稍不同的理想目標。

天梁在兄弟宮：天梁居旺時，你會家中有長兄、長姐管事照顧，或自己即身為長姐、長兄來照顧弟妹，兄弟姐妹感情好，相互有助益。天梁居陷時，會無兄弟或你是獨子、獨女。即使你有兄弟姐妹，彼此也相互不關心，無法相互照顧。以後你交朋友，如果感情太親密如兄弟姐妹一般時，便會彼此有嫌隙產生了。只保持在一般朋友關係時，相處合諧，反而有助力。

天梁在夫妻宮：天梁居旺、居廟時，易有年長於自己的配偶，有時你們夫妻間年齡相距很大。配偶會疼愛你，感情綿密。天梁居陷時，會有年輕於自己的配偶，或是擁有不負責任的配偶。剛結婚時還好，一段時間後，配偶就原形畢露，彼此不合了。

天梁在子女宮：天梁居廟、居旺時，有乖巧的子女，子女願意接受你的管教和照顧，你也十分願意付出愛心和心力來照顧子女。未來你也會因為自己的才華而有名聲、地位。居陷時，你照顧子女的態度與能力皆差，你可能因為太忙而無暇照顧子女。未來你在事業上也未必能因才華而得名聲。

天梁在財帛宮：天梁居旺、居廟時，會有貴人助你賺錢得財，會有人介紹工作給你。你也易做與宗教、文教相關之工作來賺錢，未來也能以名聲響亮而得大財。天梁居陷時，賺錢少，也無貴人幫忙介紹工作，即使有貴人介紹，你也未必滿意。在你的賺錢人生歷程中，必有一件喪名或污名事件，使你損失錢財。

天梁在疾厄宮：居旺時，健康還好，但要小心腎臟、眼目之疾，以及胃、肺、肝部較弱，要小心肝氣犯胃之症。天梁居陷時，要小心血液中有雜質，不純淨之病症。

天梁在遷移宮：天梁居廟、居旺時，周圍環境中有長輩照顧，一生出外有貴人。你也會注重名聲、愛面子，容易在文教業、宗教業中工作生活。天梁居陷時，你不喜歡別人管你，也不喜歡別人對你有太多的照顧與約束，因此貴人少，你也會不信宗教，為無神論者，但仍易待在文教界中。你容易懦弱或東奔西跑過日子。

天梁在僕役宮：天梁居廟、居旺時，有長輩型、老師型的朋友會幫助你、照顧你，你會從他們那裡學到很多賺錢及生活上的知識，來豐富你的人生。大致上，你的朋友都比你年紀大，你會從小思想較成熟，不喜歡無知或年紀輕的人來和你做朋友，因此朋友對你助力大。天梁居陷時，朋友少，朋友也會是年紀輕及懦弱無用，對你無助益的人。

天梁在官祿宮：**天梁居廟、居旺時**，能做與教職、文職、清高之要職有關的工作，文武皆宜，工作上重名聲，會因名聲得財富，也會有別人或年長之人，長輩型的人物介紹工作給你。工作會長久、績效好，同時你也是具有智慧，能傳承知識與後人的人。**天梁居陷時**，會做沒有職位銜稱的工作，例如秘書、助理之類的工作。也無法掌實權，自己投資事業，也常掛別人之名義，一生無大才華，也難以出名。這是因為不重名聲之故，因此財富也會少，要靠自己打拚，但不一定會有好結果。工作中也少貴人相助扶持。

天梁在田宅宮：居廟、居旺時，家中有長輩型的人物在幫忙照顧。你能得祖上或國家或工作機構給你的房地產（公家宿舍）。住屋穩定，很少搬家。房地產留得住。你也易住在文教區，或高級有名聲好的地區、地段。天梁居陷時，房地產少，或無。也無祖上或父母所留之房地產，你與房地產無緣。也不喜和長輩同住。容易家窮或耗財多。

天梁在福德宮：居廟、居旺時，你容易是一生清閒快樂，喜過閒雲野鶴生活的人，本身稍具有文學方面之造詣，也喜歡教導別人，常為別人出主意的人。居陷時，喜清閒生活，但又閒不住，會忙碌奔波，也不喜歡管別人或幫助別人，喜獨善其身，也不想為瑣碎之事多煩惱，是個有時愛孤獨，又不想太為生活瑣事出力的人。

天梁在父母宮：居廟、居旺時，能得到長輩、父母、師長、上司之照顧、關愛，未來在工作上、事業上能得到助益有成就。父母也會有家產留給你。升官容易，父母也會有事業、有成就或有好名聲來蔭庇於你。居陷時，父母照顧你不周全，你易和上司、長輩、父母不合，他們也對你助益少或不幫助。你在升官、競爭上易有阻礙。父母的事業或名聲較微弱或寂寂無名，你需要靠自己打拚才會稍有成就及有錢財。

天梁之剋應事物：

天梁在人的方面：代表長輩型的人、父母般的人，代表貴人型的人、解救災厄之人、老大型的人物、軍師型的人物，中醫師、五術人才、算命師、慈善事業人員、公益型的人員、義工、神職人員，與宗教祭祀有關之人員、乩童、廟公、傳教士、神佛、主教、教區長老、山門主持長老、教師、收香油錢的人，收慈善金、捐款的人，桃花客，有名之人，考試高中榜首之人，年長之人、老人、長者、女人，女性年長之人、年老之女性之人，名士之人，有名聲之人，穩重又多機謀的人，正直的義士之人，喜愛照顧別人之人、幕僚、秘書及企管人才。

天梁在事的方面：代表教育事業、做老師、出計謀之事、救難之事、多管閒事之事、激辯之事、正直、有威嚴之善良之事、照顧別人之事、供奉神明之事、算命之事、敬神或做乩童為人解難之事、做老大、作威作福之事，霸道、頑固之事，正義拔刀相助之事，慈善之事、說大話不負責任之事。中醫醫療之事，桃花之事、求神之事、有名聲之事、考試能高中之事、驛馬星動之事、宗教勸募之事、管理及照顧之事。土地及房地產之事。

天梁在物品的方面：代表教具、教材、放榜、考試用品、考卷、拜神祭祀用品、教鞭、教堂及廟宇器具物品、算命的工具、中藥材、中醫醫療器材、奉獻箱、公益彩券、神桌、慈善捐獻物品、救濟物品、幫助人的金錢或物資工具，吉祥符籙、護身符、風水吉祥物、文具知識性之物品、家法之物品、防護圍欄、土地權狀、房屋權狀、父母所給之財物、退休金、學歷證件、獎狀、身上所掛之名牌物品及保平安之手飾、掛飾。

天梁在地方或建築方面：代表微高之地，或附近有高樓之地，代表土坡，或鄰近有墳墓之地。亦代表廟宇、道觀、廟宮、教堂、禮拜堂，一切的宗教場所，以及慈善機構、教養機構、大學、學院、中小學校、幼稚園、托兒所等場地。代表中醫院、義診場所、教養院、中途之家、老人院、孤兒院、受刑人照料機構、所有的基金會、別墅地區、算命館、武術館、推拿及整骨、復建之醫院或醫療所、所有的醫院、精神病院、文學院、學校、哲學院、軍事參謀機構、國安局、幕僚機構、秘書處企業管理機構、公關機構、名人之墳墓、名人雅聚之場所。

天梁在建築方面：代表土造之屋，或外觀是土黃色，厚重、不高的樓宇，或是外觀是有石造、堅固、強硬、厚實的房舍。或是外觀是橫向較寬、高度適中的樓宇房舍，也代表外觀是梯形的建築物。

天梁在疾病與身體方面：代表腹中疾病、脾胃方面的毛病、淺腹或反胃，或有腿腳浮腫、肝旺及濕熱等現象。也容易有糖尿病或血液濃度濃或有雜質的現象。若其人八字燥熱，或有土多蓋水的現象，易有腎病和眼目不佳的問題。若八字中水多無制，也會有腎病、腎機能的問題。

天梁星以在夫妻宮、福德宮為陷落之宮，在兄弟宮以平常論之，不論好壞。**在命宮、身宮有天梁入宮**，主聰明、機智、有謀略的人。居旺時，能主貴，有聲名響亮之才華，亦能蔭庇他人，掌權帶印。天梁入命有煞星沖會時，是奸詐心邪的人，無法蔭庇他人，自己也得不到蔭庇。同時也是個喜佔便宜，得人好處又不領情、不知圖報的人。一生也會享受少、財富不多的人。

天梁以在命、財、官、遷為旺宮，能以名聲響亮而主貴。在六親宮，算是弱宮，但能以承繼祖蔭或才華受惠不少。天梁和地劫、天空同宮，以『貴人空』而論，易不知有貴人，或思想不實際而失去貴人運。也容易升官錯失良機，或加薪較難、較少。

天梁入命宮之特質

凡天梁入命宮時，其特質是臉色偏黃。少年時臉色為黃白色。老年時，臉色是暗黃色或黑黃色。方長型臉型。天梁居廟時，其人身材高大壯碩。天梁居旺時，其人中等身材而壯碩、厚實。天梁居陷時，其人較矮及瘦型。

天梁入命時，其性格多孤高、自負、有傲氣、內心霸道、固執，天梁居陷入命宮的人，雖外表溫和，但內在個性仍有上述特質，只是有些時候是隱性的。普通天梁入命的人，多半是心地善良、有正義感，也樂於助人的人。

天梁居旺時，其人較有老大心態，喜歡照顧別人，但只照顧自己人或同屬於某個特定小圈圈的人。因此天梁居旺入命的人，極喜歡搞政治、弄權、組織小團體、小圈圈，把不是同路人的人劃分清楚，置於線外。天梁居陷入命的人，也喜歡進入某一個小圈圈，但因其政治手腕較差，又無弄權技巧，故常做附庸個體，有時也故意和人保持距離，不想專屬於某個小圈圈。居陷入命的人，在性格上有懦弱的現象，也不喜別人管他，也不喜管別人，易成為清高，或閒雲野鶴式生活型態的人。

天梁居旺坐命的人，口才好，好辯論，但不是凡事好辯，或凡人好辯，他們會選擇值得辯論的人和事才和其辯論。因天梁是官星的緣故，故其人好掌權，也內心更懂得政治技倆，會運用權術來得到自己想要得到的東西。

天梁坐命的人，外表穩重、溫和，居旺時，有威嚴，居陷時，較無威嚴，但他們的夫妻宮都有一顆巨門星，故其人內心多疑神疑鬼，不太容易相信別人，寧可相信自己，為人很自負。又因內心多是非，常愛東想西想的，故多謀略，當巨門落陷時，其人內心的爭鬥與掙扎多，機謀更多，幾近狡詐，因此其人是內心憂煩多、勞心勞力之人，其人也更會弄權。

天梁居旺坐命的人在婚姻方面，易晚婚。天梁居陷坐命的人較早一點。但都有在婚前是非多，婚後仍口舌是非不斷，夫妻間易多口角。婚姻有波折現象。

天梁居廟坐命的人，夫妻宮的巨門星又居陷位的人，表示配偶知識水準低，愛扯是非，也愛製造麻煩，你也不愛管自己家中之事，嫌煩，喜管外面的人和事物。天梁居旺坐命，夫妻宮又是巨門居旺的人，表示配偶口才好，比你還好，口舌銳利，你根本吵不過他，你會有大男人主義或大女人主義，常以穩重、靜默的方式來處理家中事物。天梁居陷獨坐命宮時，會在巳、亥宮，夫妻宮是機巨，你會擁有知識水準高、聰明、有智慧的配偶，夫妻間談話應答會機智、風趣，你也易嫁娶長妻或年長之夫，配偶會給你帶來較多的知識訊息，也會讓你平凡的生活中充滿溫馨、樂趣。

天梁入命的人，在命、財、官、夫、遷、福等宮，都會有日月照守，有太陽星和太陰星進入。太陽也是官星，是事業之星，同時太陽也具有陽剛之氣。太陰是月亮，也是財星及田宅主，具有陰柔之氣。是故天梁坐命者是剛柔並濟之人。但也要看八字中和的程度而定。八字偏陽者較陽剛，其人思想較具男性化的思想模式。八字偏陰者，較陰柔，天梁居陷入命的人，也較陰柔，思想溫和，較柔軟。

因日月皆入其人的重要命格架構，故其人生活形態為日月如梭的形態，較奔忙，也會是薪水族，公務員的形態。天梁入命的人，本命也坐在『機月同梁』格上，也極容易形成『陽梁昌祿』格，若兩個格局都能成立，便能在政府機構有重要地位，為官或有要職。無『陽梁昌祿』格的人，為普通薪水族命格的人。

天梁坐命的人，要看遷移宮的好壞來定命格高低，這其中八字的關鍵份量很要緊。例如遷移宮是太陽居旺的人，環境好，事業運旺，若再加上八字中帶財官，即能有大成就，而生活富裕。遷移宮為天機陷落者，一生多遇波折，運氣不好，雖田宅宮有武曲居廟，有家產，但幼年時期易失怙，無父或父早逝，或家境好，但自己花不到錢。一生在事業上也多起伏。

天梁坐命者，父母宮都有一顆七殺星，和父母不合、緣淺，或易失去父母的照顧，或家族沒落。**天梁坐命者之誕生**，便是家中有事或家族有紛爭，須此人來協助平復災厄或困境的。因此家中必先有災或有事，家中才易誕生此命格的人。

第二節　天梁的格局

天梁的格局

1. 『機月同梁』格

書云：『機月同梁作吏人』

當命宮有天機、太陰、天同、天梁等四顆星時，或命、財、官、夫、遷、福等重要宮位有此四星同宮時，為『機月同梁』格。此格在古代為做公門胥吏之人的命格，在現今為做薪水族或公務員的命理格局。

實際上，在十二個命盤格式中皆有此『機月同梁』格，為一般人基礎命格。若其人命格在財庫中不穩當，或命中財少，或財官二宮不佳者，不宜做生意，宜做薪水族為佳，此為『機月同梁』格必備之人生形態。靠每月所發放之薪水之資生活，生活衣食可無虞。

2. 『陽梁昌格』格

在命盤中，若有太陽、天梁、文昌、祿星（化祿或祿存）四顆星，在三合宮位或四方宮位出現者，為『陽梁昌祿』格。能具有讀書、考試較順利的人生。其人也容易具有高學歷，並可學以致用，利用所學到的東西來賺錢。具有『陽梁昌祿』格的人唸博士學位也較容易，反之則較辛苦。『陽梁昌祿』格也具有升官運和事業運。許多科技業的大老闆命格中也都具有『陽梁昌祿』格。因此『陽梁昌祿』格不但是主貴的格局，同時也能創造大財富，能創造知識性的大財富。

每個人在流年、流月或大運走到太陽、天梁、文昌、祿存或化祿這四顆所代表之『陽梁昌祿』格的流運上時，其人也會喜歡讀書和學習，並具有考試運，能增高知識層次，對人生有利。

3. 梁居午位，官資清顯

天梁坐命午宮者，其財帛宮為天機、太陰，官祿宮為天同，會做公務員，由下而上漸漸提升，能有公務員之薪水之資，亦能漸居要職。

4. 善蔭朝綱，仁慈之長

此指天機、天梁入命宮者，無煞星同宮沖剋，具有仁慈之性格，守紀律，做事嚴明，也能漸居要職。

5. 曲遇梁星位至台綱

天梁、文昌居廟位，位至台綱

天梁在午宮坐命，文曲在子宮居旺來相照的命格，或是太陽、天梁在卯宮居廟位，有文昌同宮者，必須具備完整的『陽梁昌祿』

格，才能位居政府要職。

6. 天梁、太陰卻作飄蓬客

命宮為天梁，身宮有太陰者，易人生動蕩不安，東奔西走，人生飄蕩。當天梁入命宮時，其財帛宮有太陰星，而其人身宮落於財帛宮者，易為工作、生活、糊口而東奔西走。

7. 梁、同巳亥，男多浪蕩、女多淫

天梁或天同坐命巳、亥宮的人，因命宮坐於四馬宮，易東奔西跑，在家待不住，人生形態多變化，易四海遊走飄蕩。此命格者男子更易行走天涯，四處為家。此命之女子也易飄蕩。因外緣廣闊，

感情多浪漫，但也要看八字組合，不一而定。有邪淫桃花者，較易多淫。無邪淫桃花者，只是環境變化大，人生動蕩而已，不能一概而論。

8. 天梁遇馬，女命賤且淫 天梁月曜女命貧

天梁、天馬同坐命於巳、亥宮之女子，易四海飄泊，人生動蕩不停，也會桃花多，且不富裕，靠人過日子，夫妻宮不佳者，又在家待不住，感情生活複雜，易靠男女關係來討生活。

天梁在巳、亥宮入命宮，身宮有太陰居陷者（在財帛宮），主貧困。

9. 機梁逢耗殺，清閒道人

天機、天梁坐命者，再有羊、陀、火、鈴、劫空、化忌沖剋多者，易入佛道空門修道，為清閒之人，不工作。

10. 梁武陰鈴擬作棟樑之客

天梁、武曲、太陰入命宮者，若再有鈴星同宮者，有怪異思想及古怪聰明，易做盜竊之事。

第十五章　天梁的形式

天梁以組合形態來講，可分為單星和雙星形式（包括同梁、機梁、陽梁）。若以刑剋或貴重來分，天梁是官星、蔭星，則可分為『重官』或『刑官』、『聚蔭』或『刑蔭』的形式。『重官』的形式中，天梁完美無刑剋，主貴命，且能事業發達，名聲響亮，苟利社會。『刑官』的形式，則事業不順、財少，也無上進或升官之機會。因此『重官』形式同時也是『聚蔭』的形式，人生中多遇貴人扶持提拔。『刑官』的形式也同時是『刑蔭』的形式，也無貴人，甚至無父母家人的照顧，會命運多桀。

第一節　天梁單星的形式

天梁為單星時，只有在子宮或午宮是居廟位的，在丑宮或未宮是居旺位的。在巳宮或亥宮是居陷位的。天梁是沒有居平位的旺度的。天梁不主財，但主貴，若和財星同宮，則富貴皆有，但大小不一，並不能主富。若和刑星同宮，則財少，且不貴。

天梁單星的形式

天梁在子宮或午宮時，居廟位，主貴的力量最大，能得到蔭庇的力量也最大。未來也能以貴儲財，做公務員而薪資穩定增加，而生活富裕。天梁五行屬土，以在午宮最旺，主貴的力量最強，在子宮次之。天梁在丑、未宮居旺，以在未宮為火土之地較旺，但未宮太躁，會成頑土，而丑宮為潮濕潤澤的土宮，故天梁在丑宮較有發揮之地。天梁在巳宮，火土相生為較旺，在亥宮，有水洩氣，及木來剋土，故在亥宮之天梁為較貧困之格局。

『天梁和擎羊』同宮的形式

『天梁和擎羊』同宮的形式，是『刑官』和『刑蔭』的形式。天梁單星時遇擎羊，會在子、午宮或丑、未宮形成。因宮位不同，以及天梁和擎羊的旺度不同，其刑剋的層次與嚴重性也有所不同。

天梁、擎羊在子、午宮時的形式

天梁、擎羊在子、午宮時，天梁居廟、擎羊居陷，因此擎羊為害深。有此形式時，其人會陰險、狡詐，又內心懦弱，為人不正派，又為利是圖，常因小失大。其人易因貪一些小便宜，而不顧正事，或不顧道義，心情反覆、變來變去，做不了決定。也容易得了好處又不領情，佔了便宜又反臉無情。有此格局的人，易工作多起伏、不順利，桃花變色，人緣關係不佳，也得不到長輩、師長、上司的尊重和提攜照顧，在學業上會有中途中斷的問題。在工作、事業上也易做做停停，亦容易中年殆惰，人生不順利。

此形式若在父母宮或遷移宮，或是僕役宮時，代表受不到好的照顧。縱使有貴人，或有照顧之意，貴人或父母，或年長於你的人，是用一種你不喜歡，或無利於你的方式來照顧你，因此你不太會接受，會逃避。同時，也表示你的貴人或父母、長輩，也容易用一種較陰險的方式或交換條件的方式來對你好或照顧你。

天梁、擎羊在丑、未宮的形式

天梁、擎羊在丑、未宮時，天梁居旺、擎羊居廟，故是以擎羊為主的形式。會競爭較激烈，衝突較多，父母、貴人和長輩是以強勢壓迫性的態度來對待你，因此你不會覺得那是幫助或貴人運，你會強力反抗。當天梁、擎羊在丑、未宮入命宮時，你會脾氣硬，不喜父母管，對父母較凶，反抗更激烈，根本排斥父母的照顧。若此形式在父母宮、遷移宮、僕役宮時，是父母、長輩、師長、上司、同事對你凶，愛管你，你也不喜接受，想反抗。這也是一種刑剋，所以你在人緣關係上會不好，升官或讀書、求上進的機會也會減少很多。未來也會影響事業，會起伏不定。

『天梁、陀羅』同宮的形式

天梁、陀羅同宮的形式會在丑、未宮或巳宮、亥宮出現。

在丑宮、未宮時，天梁居旺、陀羅居廟，是以陀羅為主的形式。此形式入命宮時，你會特別頑固不化、強悍、自以為是，不願聽勸，也會做事較笨、又操勞，事倍功半，不易成功。也容易相信外人，不相信自己家人。此形式若在父母宮，遷移宮或僕役宮，你的父母或貴人、年長於你的朋友，皆是頑固、愚鈍的人，也會用頑固的笨方法來對你，你不喜歡接受，會有怨言或逃避。

在巳、亥宮時，天梁居陷、陀羅也居陷。此形式入命宮時，是瘦弱、又智商不高的人，有駝背或羅鍋、身體有傷殘現象，或有智能不足之現象，一生錢財少，無工作能力，或做粗工過活。

『天梁、祿存』同宮的形式

『天梁、祿存』同宮的形式會在子、午、巳、亥等宮出現。

在子、午宮時，祿存會規格化天梁的蔭福與貴人運，以及人生格局，使之變小。此形式入命宮時，其人會頑固、保守、小氣、吝嗇，人生成就不大，因為人緣不能開展，機會變少，其人也不想有太大的發展。此形式若入父、遷、僕等宮，表示貴人或父母，長輩是以保守、小氣的想法來照顧你、支持你，所以貴人運不算很強，你也只能接受到一點點的照顧與好處。

有『天梁化科、祿存』同宮時，是貴人或長輩很有方法的、用小氣、保守的方式來照顧你。

在巳、亥宮，有天梁化祿、祿存同宮時，表示貴人或父母及長輩是用一種保守的、小氣的，又帶有包袱心態的方式來照顧你，你所受到的貴人助力也極少，而且還要還。此形式若在命宮，則表示其人內心想得多，又保守小氣，常顧這顧那，人生能有一點衣食之祿的充裕感覺就很滿足了，也不想有大發展。

『天梁、火星』或『天梁、鈴星』的形式

『天梁、火星』或『天梁、鈴星』的形式，都是貴人有古怪聰明，要照顧又不照顧，反對人不利，形成阻礙的形式。若入命宮時，其人脾氣壞、急躁、思想古怪，常有特異的聰明，反而敗事，人生起伏大，性格不穩重，易凡事做不成。

『天梁、天空』或『天梁、地劫』的形式

『天梁、天空』的形式是『官空』、『蔭空』的形式。『天梁、地

劫』的形式是『劫官』或『劫蔭』的形式。會因為思想清高、不實際，或沒有想到，思想空空，而沒照顧到。也易無貴人出現。此形式若在命宮，表示其人思想清高、不實際，或因有特殊怪異的思想，不喜別人幫忙或照顧，而無貴人。其人也會根本看不見貴人在那裡。其人亦會對別人也不喜幫助照顧。但如果改善想法，凡事多用一點心，多注意旁邊的貴人，貴人也會出現。多幫助別人，多關心周圍的人，自己也才能得到蔭庇。

『天梁、天空、地劫』同宮的形式

此形式必在巳、亥宮出現。原本天梁已落陷，再加地劫、天空，故根本無貴人。此形式若入命宮時，其人易早夭，易遇災而亡。其人常頭腦空空，既無蔭庇，精神狀態也不好，此為『半空折翅』之格局。若流年逢此形式時，也要小心生命不保遇災而亡。

『天梁、文昌』同宮的形式

天梁、文昌的形式，要看天梁及文昌的旺弱而定吉凶，也要看所在宮位來定吉凶。但不論文昌的旺弱，大多數有『天梁、文昌』同宮的形式時，再有祿星（包括化祿或祿存）在三合、四方宮位或對宮，同宮等位置出現時，就能形成『陽梁昌祿』格。若沒有祿星（化祿或祿存），在上述宮位中則『陽梁昌祿』格不成立，其人也不易靠讀書或知識來做職業，也會中途不受唸書，沒有高學歷。

『天梁、文昌』在子宮，天梁居廟、文昌居旺，入命時，其人聰明、穩重、幹練、斯文、計算能力好，再有祿星在三合四方宮位，同宮或對宮出現，能形成完美的『陽梁昌祿』格，會有高學歷及文名遠播的人生，易從教職或學術界發展。無此格局者，只是一般斯文的普通人命格。

『天梁、文昌』在午宮，天梁居廟、文昌居陷落，入命時，其人較不斯文，但仍穩重，再有祿星在三合四方宮位，同宮或對宮出現時，也能形成『陽梁昌祿』格，其人計算能力不好，易多奸謀，仍能有高學歷，易學體育、農業等不算文職的學問，若只有『陽梁昌』，而沒有祿星在格局中的人，也會沒有高學歷，事業成就也不高，為一粗俗的普通人命格。

天梁、文昌在巳宮，天梁居陷、文昌居廟，入命時，其人也略穩重、溫和、外表斯文，能形成『陽梁昌祿』格的人，有祿星在三合、四方宮位，仍會有高學歷，人生形態以教職、文職為主。無祿星入格的人，則只是外表斯文纖弱的普通人命格，人生層次也不高了。

『天梁、文昌』在亥宮，天梁居廟、文昌居平，入命時其人略斯文，但聰明度與幹練的程度，與計算能力皆不算太高，能形成『陽梁昌祿』格的人有好前程，也有高學歷。無祿星入格者，為普通命格，人生層次不高。

天梁、文昌、文曲在丑、未宮同宮

天梁在丑、未宮有文昌時，必有文曲同宮並坐。有昌曲並坐同宮是桃花格局，桃花會影響其人的人生，也會愛享福而不努力。**在丑宮時**，天梁居旺，文昌和文曲皆居廟，入命宮時，其人外表長相美麗、端莊、氣派、有氣質、口才好，但會桃花多，有異性緣，縱然有『陽梁昌祿』格，有高學歷，最後仍易靠異性生活吃飯，自己努力少。**在未宮時**，天梁居旺、文昌居平、文昌居旺，入命時，易口才好，但外表仍還美麗、氣質稍差、聰明度稍差，有『陽梁昌祿』格者，仍能有高學歷，但會努力不夠，桃花強，易靠異性生活。無祿星入格者，為普通命格，易靠桃花、異性生活之人。

『天梁、文曲』同宮的形式

天梁、文曲同宮時，常不能形成『陽梁昌祿』格，文曲居旺時，其人會口才好、愛說話、桃花多。天梁和文曲皆為桃花星，因此在男女關係上較複雜，桃花會影響人生層次不會向高處發展，易巧言令色，愛投機取巧，為一平常百姓之普通人命格。

文曲居陷時（在午宮），則口才不好、易話少，也易有口舌是非，或人緣不佳、人情冷淡，也會減低官運或事業運，使向上發展有滯或挫敗的狀況。

『天梁、左輔』或『天梁、右弼』同宮時

『天梁、左輔』或『天梁、右弼』同宮時，若天梁居廟時，左輔或右弼會更增天梁的貴人運，貴氣、名聲，會有雙倍以上的助力。若是具有『陽梁昌祿』格的格局中帶有左輔、右弼時，其人就會有貴人幫忙完成高學歷及大名聲、大成就，但也會過程時間拖得長。人生層次會比一般具有『陽梁昌祿』格的人更高些，非常好命，更具有貴氣。無『陽梁昌祿』格的人，一般在生活中喜幫助別人，自己也能在生活中多得長輩和平輩的幫助照顧，具有領導能力，易做教導別人，為師格的人。

在巳、亥宮，天梁居陷，再加一個左輔、右弼時，其人會更無

貴人運，更加失去照顧，每次在人生中之關鍵時刻，便失去照顧，升官易不易，但工作上亦有平輩幫忙介紹，失去的是長輩型的照顧，名聲也不易聚集。

有一位朋友是天梁、左輔坐命巳宮的人，在國外唸博士，即將畢業時，花了大資本請指導教授來台遊歷，但教授年紀大，太勞累，回國便蒙主寵召了。失去了指導教授，因此這位朋友也無法拿到博士學位，想換指導教授，別人也不願接。於是這位朋友辛苦數年後也只好回國。這就是天梁陷落加左輔或右弼時，會『遇而不遇』，好事蹉跎的狀況了。

『天梁、左輔、右弼』三星同宮在丑、未宮

『天梁、左輔、右弼』同宮在丑、未宮時，也是桃花格局，其

人有長輩、平輩太多的照顧，其人會較懶，反而人生沒有大發展。也會桃花多、有異性緣、戀愛多，或有年紀長於自己的情人和配偶，易靠人吃飯生活。縱使有『陽梁昌祿』格的人，會唸書，但仍會找到可依靠供給錢財花用的異性，自己的努力是較少的。

府相同梁
《下冊》

第二節　天梁雙星的形式

天梁雙星的形式，有陽梁、機梁、同梁同宮的形式。

陽梁的形式

太陽、天梁同宮，太陽是官星，天梁也是官星，故是雙重官星，其人重事業，但太陽要居廟（在卯宮），事業運才會好，太陽居平（在酉宮），會來到中年即怠惰，發奮力不強。

陽梁在卯宮，為『日照雷門』的格局，若在命宮，其人熱情、正直、有遠大志向、喜助人、不較是非、重事業，會有大成就，為一公務員的人生形態。若再形成『陽梁昌祿』格時，會有高學歷和大成就，也能因知識而得大財。更能在國家考試中名列榜首。無祿星入格的人，為平常命格的人，一生清高，成就普通，也無法用所學知識來賺錢，其人命中的財會少。陽梁若在卯宮為遷移宮，無煞星進入，而命宮為天空坐命者，為『萬里無雲』格，主其人心胸寬大、恢宏，有『以天下為己任』的鴻圖大志，國父孫中山先生即是此命格的人，故能推翻滿清及封建制度，創立民國。

陽梁在酉宮，太陽居平、天梁只在得地之位，是日落西山，會有貴而不顯，秀而不實的狀況。陽梁在酉入命，為飄蓬之客，易浪跡天涯，一生勞心費力，或做閒雲鶴之人，事業運不旺，也易無法出名。人生來到中年即已心灰意懶，沒有衝勁了。故一生層次不高，為一普通百姓命格。

『陽梁、擎羊』同宮的形式

『陽梁、擎羊』同宮的形式，是『刑官』的形式。『刑官』就會『刑財』，財官是一體的事。有此形式時，會工作多起伏、不順利，也會工作中途停止，或常改行，事業多失敗、做不成。易會年幼時，得不到父母的良好照顧，身體常有問題、多傷災、心情煩悶、常怠惰，讀書與工作皆不順利。亦有眼目不佳的問題。即使能形成『陽梁昌祿』格的人，因有擎羊在格局中，仍會錯失讀書和考試的良機，不會運用此貴格來增高人生層次。

此形式中，因擎羊是陷落的，故較凶險，人也會內在懦弱、多疑，而對人不信任，也無法把握好機會。須有固定工作及專業能力為佳。

『陽梁、祿存』同宮的形式

『陽梁、祿存』同宮時，還要有文昌在四方或三合宮位出現，才能形成『陽梁昌祿』格。若無文昌在格局上的人，則其人只是保守、小氣、吝嗇、事業運也不會太高，只是一般普通人命格的人。

其人也會有專業工作，賺一點可糊口的錢財。若能形成『陽梁昌祿』格的人則能讀書，雖仍性格保守，但有名聲，能循文職途徑往上爬，能做教職或科技類的事業，社會地位高，也能多得財。此格局以在卯宮較佳，在酉宮會中年怠惰，層次也不高。

『陽梁、火星』或『陽梁、鈴星』同宮的形式

『陽梁、火星』或『陽梁、鈴星』的形式，皆是火多土燥的形式，也會『刑官』，但無擎羊厲害。入命時，表示其人有怪怪的聰明，易不走正途，或貴人運有急躁、古怪現象，助益不多，也會漏失。在名聲方面會突然有一下，接著就消失了。在工作方面，會有一段一段的工作經歷，中途會有間斷，不連接的狀況。入命宮時，其人性格暴躁，脾氣壞，發脾氣時如狂風暴雨，但一下子又雨過天

青了。因為凡事心急，故也會錯過人生中許多美好的事情，或有名聲但不長久。

『陽梁、天空』或『陽梁、地劫』同宮的形式

『陽梁、天空』或『陽梁、地劫』同宮，是『官空』及『蔭空』或『劫官』及『劫蔭』的形式。會因為自己頭腦空空，思想不實際而不知道運用自己的貴人運或貴人資源，故也容易『貴空』，而不貴。更容易工作不長久，頭腦聰明，但不務實。即使有『陽梁昌祿』格，也容易自己不知道，或錯失良機、沒有走讀書、增高人生層次的道路，或是唸了一半沒唸完而中斷。其人也容易不想被長輩、父母和上司管，而不想他們幫助。但只有一個天空或地劫同宮時，還不嚴重，其人只要抑制怪怪的聰明，不要胡思亂想，就會有

貴人運及得到父母的愛護與幫助了。

『陽梁、文昌』同宮的形式

陽梁、文昌同宮的形式，在卯宮或酉宮都有極佳的『陽梁昌祿』格，但要看有沒有祿星同宮?有祿星同宮才能形成格局，也才能有用。能形成格局的人，則有美麗人生。在卯宮，陽梁居廟、文昌居平，在酉宮太陽居平、天梁居得地之位，文昌居廟。在卯宮時，再有『陽梁昌祿』格較好，能在事業上有大成就，也會學歷高、人生層次高。在酉宮因太陽居平的關係，會中年怠惰，只是外表斯文、有氣質，計算能力好而已。

『陽梁、文曲』同宮的形式

有『陽梁、文曲』同宮的形式，表示其人性格爽朗、寬宏、事業旺、口才好、才華多，三合宮位會有文昌出現，再有祿星照守或在四方宮位出現，亦能擁有『陽梁昌祿』格，人生層次也能增高。因文曲在卯宮居旺，在酉宮居廟，是故『陽梁、文曲』的形式，無論在卯宮或酉宮都能周圍熱鬧，利於升官、有名聲，能增長事業運。

『陽梁、左輔』或『陽梁、右弼』同宮的形式

當有『陽梁、左輔』的形式在卯宮時，亥宮就有『太陰、右弼』。當『陽梁、右弼』在卯宮時，亥宮就有『太陰、左輔』。太陰是居廟的。

當有『陽梁、左輔』在酉宮時，巳宮就有『太陰居陷、右弼』。

當『陽梁、右弼』在酉宮時，巳宮就有『太陰居陷、左輔』。

因此當『暢梁、左輔』在卯宮為命宮時，財帛宮就是『太陰居廟、右弼』。這表示在本命中事業運旺，又貴人多、名聲響亮，年紀長的人和年輕同輩的人都會來相助幫忙，人緣好、機會多，因此在錢財薪水上也有人幫忙增多。

若『暢梁、右弼』在卯宮為命宮時，財帛宮就是『太陰、左輔』在亥宮。也同樣是長輩、平輩貴人皆來幫忙的命格，會做公職，也會有平輩之人來幫忙介紹工作及使薪水增多。

當『陽梁、左輔』在酉宮為命宮時，財帛宮是『太陰居陷、右弼』在巳宮。**當『陽梁、右弼』在酉宮為命宮時**，財帛宮是『太陰陷落、左輔』在巳宮。此兩種形式皆是事業工作有人幫忙，但幫的不多，只幫一點點，而且在錢財上、薪水上有人會幫忙賺得少、較窮。

『太陽化祿、天梁』同宮的形式

『太陽化祿、天梁』在卯宮時，事業、貴人都旺，且與男性、女性皆有緣份、很親密。男性會更使你增財，或帶財給你。你與男性又特別緣份好，會幫忙你更多。你本人在事業上順利，也財祿更多。

在酉宮時，事業運和貴人運是稍微好一點的狀況，但沒有前者在卯宮好。男性使你增財、帶財給你的機會也不算太多，只是馬馬虎虎的狀況。你本人在事業、工作上所賺的錢，也不算太多，只是有錢賺而已。

『太陽化權、天梁』的形式

『太陽化權、天梁』的形式在卯宮，化權也居廟，表示事業運和男性貴人運特別強勢。你會主掌權力，說話有份量，也對男性有主控力。會在事業上有成就。如果此格局在父母宮時，表示父母很強勢要照顧你，父親尤其對你管得嚴，你的家中是父權至上的家庭。你可能會和母親較親密。在運氣行經『太陽化權、天梁運』時，你也會對男性有主控力、領導力，希望別人對你服從。

在酉宮時，因太陽居平，化權也居平，天梁在得地之位，故你在男性方面的主控力或領導力不強，常愛管又管不了，反而要照顧更多事情。在事業上也是常想奮發做事，但並不一定做的成。若在財帛宮，也是想管錢，財不旺，或想靠自己賺錢，但打拚力量不強，有貴人或長輩介紹錢財不多的工作給你賺錢。

『太陽化忌、天梁』同宮的形式

『太陽化忌、天梁』同宮在卯宮時，還有擎羊同宮，代表事業運不佳，會不工作，或斷斷續續工作。貴人運也不好。會有頭部腦部的毛病，也會眼目不好，有失明之虞。是頭腦不清楚，天生受刑剋，也易有精神疾病。嚴重時，有傷災喪生。一生運氣不好。在酉宮時，有擎羊在對宮相照，也是事業運不佳，有失明之虞或性命之憂，頭腦不清、糊塗、工作不長久，或不工作，易有精神疾病，一生運蹇。

『太陽、天梁化權』同宮的形式

『太陽、天梁化權』同宮的形式，會同時具有男性和女性的貴人。而女性及長輩貴人對你管的凶。家中或有女性長輩特別愛管你和照顧你，也可能是母親或長姐愛管你、照顧你。你易特別注重名聲，未來也會名聲大。會有強勢的貴人對你強加照顧，但你不一定領情。在卯宮，有『太陽、天梁化權、祿存』同宮，表示貴人會用特別保守、小氣的方法來管你、照顧你。易形成『陽梁昌祿』格，人生形態能增高，但仍保守。

『太陽、天梁化祿』同宮時的形式

『太陽、天梁化祿』同宮的形式，表示桃花多，易有婚外情，也會同時具有男性和女性貴人，而女性貴人特別對你好，但同時會對你造成感情包袱。在你的父母或長輩，或是朋友中，女性會對你特別好，但也會造成負擔，你容易不自覺的掉入陷井之中。能形成『陽梁昌祿』格，人生層次能升高，但會較自私、霸道，在卯宮，力量強。

『太陽、天梁化科』同宮的形式

『太陽、天梁化科』同宮時，代表皆具有男性和女性貴人運，而女性更有方法來照顧你，使你依賴。你在事業或名聲上也更會有方法來製造名聲，因此會名氣大、升官快。在卯宮時，力量較強。在酉宮，力量較弱。

機梁同宮的形式

天機、天梁同宮的形式，不論在辰宮或戌宮都是天機居平、天梁居廟。這是『紫微在巳』或『紫微在亥』兩個命盤格式中所具有的形式。代表有小聰明、小機變，但有蔭庇，或有口才舌辯之智，因此很會說話，話多。一般為軍師格，但會出主意卻不愛負責任、話多。有巧藝在身。入命宮時，喜管別人閒事，不愛管自己家中之事，但管閒事管不久，易中途撒手，怕負責任。

機梁同宮時，不主財，三合宮位中有同陰和空宮，故是『機月同梁』格為人生主軸，必須為人服務來得財。其遷移宮為空宮，環境中常空茫，故有思想不深刻的問題，心情也容易起伏、茫然。機梁在命、財、官、夫、遷、福等宮的人，都必須做上班族、領薪水，不適合做生意，否則必有敗局。機梁同宮時，能得長輩，或女性長輩的疼愛、照顧，有拆射的『陽梁昌祿』格的人，也能有高學歷和大成就。但一般機梁坐命的人，也愛投機取巧，佔小便宜，耍弄小聰明，為中、下社會層次的人。

『機梁、擎羊』同宮的形式

『機梁、擎羊』同宮的形式中，擎羊是居廟位，較強悍的，也會特別有陰險狡詐的特質。此為『刑官』及『刑蔭』的格局。因此事業會起起伏伏不順利，也會沒有貴人運，或貴人以凶悍的姿態出現，愛管你，但你不給他管，會躲避貴人運，對自己沒有益處。有此形式時，會陰險、狡詐、多計謀、愛算計、操勞、勞而無功。心地不善。入命時，身體多傷災，也會眼目不佳，肝腎不好。此為刑剋格局，亦會不重名譽，有不名譽之事發生。及有投機不成蝕把米的狀況。

乙年生，在辰宮時，有天機化祿、天梁化權、擎羊同宮，表示性格強悍、愛掌權管事，但別人並不一定服你的管和領導，在薪水工作上也會錢財常不順利，或突然變少的狀況。想賺錢，很努力也賺不多。

『機梁、陀羅』同宮的形式

『機梁、陀羅』同宮時，**在辰宮，丙年生人，有天機化權、天梁、陀羅同宮**，表示是好像很聰明愛管事，但實際又笨、管不好，會愛耍小聰明，變來變去，利用機會佔小便宜。但實際上佔不到便宜。有此形式入命時，會性格悶悶的、話少一點，但偶而突然聰明了一下。其人有一會兒聰明，一下子又笨的相互衝突的狀況。

在辰宮，戊年生人，**有天機化忌、天梁、陀羅同宮時**，表示是頭腦不清，常會自做聰明，反害己，其實是笨的要命的狀況。一生中必有笨事傷害自己。而且貴人或長輩也是用自做聰明的笨事來幫忙你，但反而害到你。

在戌宮，有天機、天梁化祿、陀羅同宮時，表示性格悶，表面較笨，但仍有小聰明，亦會有笨的貴人運，會給自己帶來包袱和麻煩。

『機梁、火星』或『機梁、鈴星』同宮的形式

『機梁、火星』或『機梁、鈴星』同宮時，會有古怪的小聰明，貴人運、長輩運，也會古怪。而有鈴星者會比有火星者更聰明古怪一些。入命時，會脾氣急躁、脾氣壞、做事迅速、小聰明更多，常會用古怪想法，做事及思路不同於一般人。容易速度快而敗事，也容易耗財及工作起伏大，言語不實在，易騙人。一生成事不足、敗事有餘。

『機梁、天空』或『機梁、地劫』同宮的形式

『機梁、天空』或『機梁、地劫』同宮時，表示其人頭腦有特殊聰明，但清高、不實際，也易入宗教、信教，或寄身空門。其人對哲學或靈感特別靈敏，易工作不長久，命中財少，錢財存不住，也不喜別人管。

『機梁、文曲』同宮的形式

『機梁、文曲』同宮的形式，**在辰宮**，文曲居旺，表示口才特別好、話多、桃花多，喜熱鬧，愛耍嘴皮子、常油腔滑調，為人不實在。其對宮有文昌陷落相照，表示環境粗俗、不美麗，故其人也會較粗俗、大刺刺的，話多而沒頭腦。在財帛宮，能賺錢多一些。

在戌宮，文曲居陷，表示其人有小聰明，但口才不佳，話少，

桃花也少，人緣並不算好。其對宮有文昌居旺相照，故環境中是斯文、有氣質、文化水準高的，故其人也會有斯文、有氣質、有文化的外貌和性格，較得人尊重。在財帛宮時，會賺錢少。

『機梁、左輔』或『機梁、右弼』同宮的形式

『機梁、左輔』同宮時，其對宮會有右弼獨坐相照。有『機梁、右弼』同宮的形式時，其對宮會有左輔獨坐相照。這兩種形式都是表示是有平輩的助力。在裡在外，在自己本身或外在環境中，都有人幫助你更聰明，更具有智謀，也更具領導力及做事的能力。但有時因幫助太多，你會較懶、少做，或不做，只動口叫別人做，自己少勞動。聰明及領導力有時會造成你練習做事經驗的障礙。但你會人緣好，到處有人幫忙，平輩、長輩的人都來幫你，運氣不

錯。

同梁同宮的形式

同梁同宮的形式在前面第96頁中已講過，不再贅述。

第十六章　天梁在『命、財、官』、『夫、遷、福』對人之影響

第一節　天梁在『命、財、官』對人的影響

天梁在『命、財、官』對人之影響，是單星形式和雙星形式各有不同。其旺度不同，也各有各的影響。

有天梁在命、財、官』或『夫、遷、福』之三合宮位時，天梁

居旺時，其人會重名聲，凡事有貴人或長輩、上司照顧，在做事或思考時，較易兼顧別人的感受，人緣較好，知道向上體會長輩、上司、師長的心意，向下體恤晚輩、子女、下屬、年輕於自己的人的想法，故是做人較圓融的人。在生活上也多得別人幫助及好處。如果天梁星陷落的，其人便不喜別人管，也無人來出主意，學習能力差，有時甚至不通人情世故，或自己有一味頑固的想法，不體諒別人，也摸不透別人之心意，人緣上常有突兀之事。一生中想出名，但未必做得到，在工作上也不會有太好的表現，或是無升遷機會或是才華少而不自知。

天梁單星在命宮時

天梁單星在命宮時，前面已講過了，請參考第263頁。

天梁單星在財帛宮

天梁單星在財帛宮時，都表示有人會介紹工作給你，讓你賺錢，你是賺貴人財的人。當天梁在子、午宮居廟時，會賺錢多、薪水好，也會靠名聲響亮來賺錢，因此你會重事業、重名譽，一生平順、有財。你也容易得長輩喜愛，常給你加薪或升職快。有擎羊、祿存、火星、鈴星、劫空同宮時，貴人運有傷剋，故會賺錢少，或頭腦不實際，工作不長久，賺錢也不長久，有時更會別人介紹的工作及賺錢機會你不喜歡而放棄，錯過好機會。天梁在丑、未宮居旺時，會有長輩給你錢花用，但你天生辛勞，賺不到太多的錢，你會重名聲、清高，心裡想賺錢，但又嘴上清高，心裡撇扭。天梁在巳、亥宮居陷時，貴人或長輩有時幫你，有時不幫，因此你的財運不佳，常沒錢，你也容易耗財多，不喜別人管。父母給你的錢財也少，有時給的不是錢，而是一些關係，你必須自己有聰明才智去應用，才能找到錢。**有陀羅、火、鈴、祿存同宮時**，錢財更少，且無貴人長輩幫助。**有劫空一起同宮時**，不工作，也無錢可賺、可用。

天梁雙星在財帛宮時

陽梁在財帛宮時

陽梁在財帛宮時，**在卯宮**，你必須用知識和貴人運來賺錢，長輩、父母也會給你錢花用。能得貴人財。也能以名聲響亮，以升官、升等考試，賺薪水之資，做公務員、會升職快、薪水豐厚，未來退休金也多。

在酉宮，工作會不長久，會中途中斷，或中年怠惰，錢財少，長輩貴人也給你錢少。

有擎羊同宮時，皆是工作不長久、不順利，無貴人運，會財少。**有祿存同宮時**，會保守，別人介紹你工作的薪資也較少，貴人是小氣的人。你自己的能力也不強。**有火、鈴同宮時**，工作會突有、突無，不長久，得貴人財不多，也會耗財，或貴人幫助的，不在財的這方面。**有天空或地劫同宮時**，表示清高、不實際、不重財，做事易不長久，或有些錢你不想賺。

機梁在財帛宮時

機梁在財帛宮時，表示不主財，主智慧和貴人運，因此會用一些小聰明來賺薪水之資。不適合做生意，也會有敗局。亦會有貴人介紹工作及賺錢機會給你。但賺錢必須要工作才會有錢。**在辰宮**時，因你的官祿宮是同陰居旺位，故工作上之薪資還豐裕。**在戌宮**時，你的官祿宮的同陰居陷位，故薪水少，生活不富裕。

有擎羊同宮時，錢財不順，工作不長久，工作上多競爭，也無貴人介紹工作或賺錢機會給你，會較窮。**在辰宮**，乙年生人，**有天機化祿、天梁化權、擎羊同宮**，表示競激烈，喜掌權，還是做薪水族，財運時好時壞，不穩定，錢財上也易受長輩、貴人之控制。

有陀羅同宮，在辰宮，丙年生人**有天機化權、天梁、陀羅同宮**，表示是喜歡管錢，但不一定管得到，也未必能得到長輩、貴人所給之錢財。特別有古怪的小聰明，但多做損人不利己之事，易耗財。**在辰宮**，戊年生人，**有天機化忌、天梁、陀羅同宮**，表示錢財不穩當、糊塗又笨，錢財不順，耗財多，易不工作，賺不到錢。**在戌宮**，壬年生人，**有天機、天梁化祿、陀羅同宮時**，表示賺錢和花錢的方式很笨，或拖拖拉拉，更會造成自己的負擔和包袱。

有火星、鈴星同宮時，在錢財上有古怪現象，耗財更快、更凶、進財慢或進不了財。你對金錢的觀念不正確，因此易用一些不正當方式來賺錢。

有天空或地劫同宮時，表示在錢財上清高或不實際。工作也有一段沒一段的在做。亦會高興時有工作，不高興時不工作。亦會因小失大，貪便宜、偷懶不工作。

『機梁、文昌』或『機梁、文曲』在財帛宮時

『機梁、文昌』在財帛宮時，**在辰宮**，文昌居旺，會有計算能力，會努力工作。有『機梁、文昌』在辰宮的財帛宮時，理財能力也好，但環境較安靜、不熱鬧，外緣機會少，天生財不多。**在戌宮**，文昌居陷，表示計算能力和理財能力皆不好，錢財存不住，賺錢也會少。但外面的環境還熱鬧，仍有人緣機會可賺錢。

『機梁、文曲』在辰宮時，周圍環境粗俗，文化水準不高，但

本身口才好，會賺不文質的錢。在戌宮時，環境文質、美麗，但本身口才差，會賺文職的錢財。

『機梁、左輔』或『機梁、右弼』在財帛宮時

『機梁、左輔』在財帛宮時，其人福德宮有右弼獨坐。當『機梁、文曲』在財帛宮時，其人福德宮有左輔獨坐。表示其人天性保守，命中財不多，會依靠別人過日子，幼時會依賴別人長大。也會有別人介紹工作或賺錢機會給你，或靠父母、長輩給錢花用，自己能賺的少。

同梁在財帛宮

同梁在財帛宮在前面第155頁已講過，不再贅述。

府相同梁
《下冊》

天梁在官祿宮

當天梁單星在官祿宮時

當天梁單星在官祿宮時，在子宮、午宮、丑宮、未宮，在旺位以上時，表示事業運會蒸蒸日上，愈來愈有名聲，會做得好。也能得貴人提拔，且智慧漸長，年紀愈大愈有成就。你的工作會是師長、長輩或父母介紹的，而且女性的長輩或年紀稍長於你的朋友會對你有幫助。你也會善於學習，並為追求名聲、地位而努力。如果有『陽梁昌祿』格的人，會以所學之知識或技能來賺到大錢。沒有貴格的人，也能兢兢業業的努力工作而地位升高。因為有工作，並且很穩定，故財運也會穩定。

有擎羊同宮時，是『刑官』和『刑蔭』格局，會沒有貴人和工作不順利，也會中途轉業或失業，工作成就不高。也會不重名聲、面子，易遭罷黜。

有陀羅同宮時，會在丑宮或未宮，表示會做層次地位不高的工作。做武職較好，事業會有有蹉跎、停滯的狀況，或工作中途中斷。也會工作運不強，貴人運也不強。貴人所介紹的工作會是較粗重、不太文職的工作，若做文職工作，就易做不長。

有火星或鈴星同宮時，表示有古怪聰明，也會突然做一段時間或停一段時間，工作易不長久，或常轉行。

有天空、地劫同宮時，表示會因頭腦不實際而工作不長久或不穩定。或因頭腦有怪異清高的想法，而事業運不強。但如果不隨便換工作，仍可有薪水可供生活。

天梁居陷在巳、亥宮為官祿宮時，表示事業運不強，你也會做一些沒有實際名份的工作例如秘書或助理之類的工作，或是幕後老闆、教授之類，沒有實質名份的工作。也易做檯面下的工作。一生成就不高。你仍是薪水族的人，亦會名聲不響亮，或無法靠名氣來賺錢。

有陀羅同宮時，易做笨拙、粗重的、或巧藝型的工作，因你的遷移宮有擎羊，環境不好，也會工作不順利，賺錢辛苦，徒勞無功。

有祿存同宮時，在亥宮，**會有天梁化祿、祿存同宮**，表面上工作能有不太多的薪資，實際是性格保守、顧忌多，抱有私意，既不想辛苦勞累，也不想多負責任，因此事業上格局很小，會做表面聽起來名聲好的工作，如當老師或船員、藝術家等等。

有火星、鈴星同宮時，工作多起伏、變化，常做不久，會衝動、脾氣古怪，有古怪聰明而投機取巧不做事。有天空、地劫兩星一起同宮時，有古怪聰明的頭腦，精於哲學分析，但工作不長久，常不工作。

梁陽在官祿宮

當太陽、天梁在官祿宮時，**在卯宮**，表示你的事業運非常旺，你也較喜歡與重視名聲，愛做官。倘若有『陽梁昌祿』格的人，會具有博士學位的高學歷，受師長、長輩、上司的愛護與提攜，一生青雲直上，事業十分順利，而且能做高官，或學術界發展，能具有大富貴和大名利，一生不愁吃穿，而且能達到人生目標。成為人人尊敬及羨慕的人。無『陽梁昌祿』格的人，也能穩定的做公務員，由長輩、師長介紹工作。**在酉宮**，因太陽居平的緣故，事業運沒那麼高了。亦會來到中年便已怠惰，心灰意懶，而且其人命中財少，發奮力不夠，若還能形成『陽梁昌祿』格的人，仍會學歷高一些，也能做公教人員或薪水族，生活會穩定一點，無貴格的人，會易不工作，或做做停停，中年以後不太工作。一生多波折，生活不順。

有擎羊同宮時，在卯宮，**有太陽化忌、天梁、擎羊同宮**，表示頭腦不清、工作不順多是非，讀書也讀不好，易不工作，為無用之人。在酉宮，**有太陽化祿、天梁、擎羊同宮**，為『祿逢沖破』，工作不長久，也會做做停停，好像能賺一些生活之資，但又不一定賺得到，中年以後也不太工作了。

有祿存同宮時，在卯宮，有太陽、天梁化權、祿存同宮，表示在工作上性格保守，但愛掌權、特重名聲，會為了做名聲而孤芳自賞，或在一些小圈圈、小團體中把持權力。如果有『陽梁昌祿』格的人，易在政治圈、教育圈發展，具有高學歷、高高在上的掌權管事，也特別容易得到長輩、上司、師長之提拔，事業有成，富貴都有。若無法形成貴格的人，會做公司、企業的主管人員，生活無虞。

在酉宮，有太陽化權居平、天梁居得地之位、祿存同宮，因太陽化權不旺，仍是喜歡掌權管事，但不一定管得到，會在公家機關或大機構工作，有一點財祿，但事業成就皆不大。

有火星、鈴星同宮時，易衝動及人生起伏大，工作易有突然變化，波折多。在卯宮，易做公務員或大機構工作，但易中途停頓或改行或換工作。在酉宮，火、鈴居廟，會因自己本身突然古怪的聰明，而換工作或改行，工作不長久，做不長，人生波折多。

有一個天空或地劫同宮時，會聰明古怪多，或聰明而不實際，常想換工作或改行，而工作中斷，做做停停，影響官運、財祿。

機梁在官祿宮

機梁在官祿宮時，表示工作是用為人服務的型式才能做得好的。本命就是『機月同梁』格，故要做薪水族，領薪水過日子可平順。機梁不主財，主聰明、才智及貴人運，以及蔭庇之功德，故官祿宮有機梁同宮時，主以變化多端的聰明才智來工作，再加上長輩、師長、上司的提攜力量，工作會做得好，但仍以公教人員為最佳工作機會。亦能做設計工作或服務業，或是銀行等金融業，有固定薪水之工作，生活能平順富裕。是故其人在工作上也常有長輩、朋友介紹工作，而且工作上是不需用太多頭腦及太多聰明就可做的工作。你也會在工作上體會上司、老闆之心意，重視用事或上司的批評，努力在工作上贏得好評。

有擎羊同宮時，在辰宮，有天機化祿、天梁化權、擎羊同宮，表示工作上競爭多，原本能掌權握權力之事的，但在競爭過程中，常有紛爭，因此升官和掌權不順利，而在為人服務的薪水上也易受到刑剋、中斷，因此你常做事武斷，一不合你意，便想換工作了。做事時，愛管、愛爭權，但不一定管得到或爭得到權力，因此常因鬥爭，而工作中斷，換工作，做不長，人生起伏大。貴人介紹工作給你時，也是態度強硬，要你做你不喜歡之工作，因此造成你的困擾。

在戌宮，只有機梁、擎羊同宮，會工作不長久，且無貴人運，沒人會管你，或介紹工作給你，自己找工作，也做不長，易換工作或改行，你也易不重形象，在工作上易有失面子之事，上司、老闆也易對你不好，不照顧，尤其是女老闆和老闆娘對你尤其不好。

有陀羅同宮時，在辰宮，有天機化權、天梁、陀羅同宮，表示事業上多變化、有進退，會自以為聰明，想掌權要管事而因為太笨管不到，你也會因為看不清實際情況而錯判機會和局勢，易工作無進展，或做粗重，用腦不多的工作。工作、薪水常有些變化，但都是不好的變化，易拖拖拉拉。常中途中斷，或改行，人生易起起伏伏。**在戌宮，有天機、天梁化祿、陀羅同宮**，表示智商不高，常因自私或小聰明，其實是在做笨事，工作運、事業運不好，也易投機取巧，而使工作受挫，容易賺錢少。但可靠長輩支助點小錢。

有火星、鈴星同宮時，**在辰宮**，工作不長久，易有古怪小聰明敗事，易改行，想賺錢賺不夠。**在戌宮**，火、鈴居廟，古怪的小聰明有時有用，有時無用，喜投機取巧，貴人運也古怪，有時幫不到忙，反幫倒忙。工作有起伏。

有一個天空或地劫同宮時，會常有古怪聰明、智商高，但不實際，沒有金錢價值觀，會做清高、錢不多的工作，也會做做停停，或改行，會中途失業或中途無薪資可用。也易向宗教發展，做與宗教有關之行業也不錯。

同梁在官祿宮

同梁在官祿宮時，已在前面講過，請看第156頁，不再贅述。

府相同梁
《下冊》

第二節　天梁在『夫、遷、福』對人的影響

天梁在夫妻宮、遷移宮、福德宮時，其實都對人影響深刻。你容易和比你年紀大的人來往。你也易生活在年紀比你大、或長輩型、地位比你高的人的環境之中。這些長輩型的人物會教導你要乖巧聽話，因此你較不會犯上做亂，也不會對父母、長輩、上司、師長不禮貌，你會中規中矩、重名聲、好面子、有禮貌、受人喜愛、受長輩疼愛、教養好。也會有長輩對你提攜，或照顧你的生活。因此你算是一個正派的人，也是一個好命的人。如果有『陽梁昌祿』格的人，會學歷高，人生層次也高。無貴格的人，也能生活平順、

愜意、無煩憂、有依靠。有『刑蔭』格局的人，例如有羊、陀、火、鈴、化忌、劫空和天梁同宮的人，就無上述好運，人生波折多，也會人緣不佳，沒有福份。

天梁單星在夫妻宮

凡天梁居旺、居廟在夫妻宮者，皆有年紀比自己大的配偶。天梁居陷時，有時是年紀比自己大的配偶，有時是年紀比自己小的配偶，會不一定。

當天梁單星在夫妻宮時，無刑剋，**居旺時**，表示能得到配偶在生活上之照顧，你會心地善良，對長輩仰望尊重，你有小兒女之心態，也有依賴之心，你會希望長輩或年長之人為你帶來較高的知識、文化，或圓融、成熟的人際關係。也希望年長於你的朋友或配偶來對你有所協助。你從小就不太和同年紀的人來往，喜歡和比你年長的人來往，表面上看你的心態較成熟、老氣，其實你較具有稚氣、天真、愛撒嬌的性格。你在比你年長的人的環境中較能得到愉快的經驗和照顧。在同輩中易不順，或有不愉快經驗。你一生都喜歡快樂、輕鬆的生活，不喜歡太有壓力。也喜歡有人幫你出主意，你自己也喜歡幫人出主意，你也喜歡追求名聲、地位，因為配偶能帶給你這些，所以會很嚮往高層次的生活境遇，夫妻倆會生活愉快、思想相通、相互寵愛。

當有羊、陀、火、鈴、劫空同宮時，是刑蔭的格局，易不見得能找到年長於自己的配偶，或是有年長的配偶，但不合，易離婚，或是不婚。在你的內在感情上，你不喜別人管，別人太照顧你，你就認為是被管了。你會內心笨，有福不會享，也會有古怪聰明，把好事看做壞事，而得不到別人幫助的貴人運。

當天梁居陷在夫妻宮時，易有不負責任之配偶。配偶心智較不成熟，有時會找到不適合結婚之人來做配偶。因此自己會辛苦，更可能你本身感情和情緒多變，也易找到感情和情緒多變化之人，易找到不想和你結婚的情人，或找到婚姻不正常之人做別人情婦或情人。你也易在人生中沒有目標及方向，唯有靠自己工作，賺錢養你自己了，根本靠不到配偶了。**再有陀羅、火、鈴、劫空一起同宮時**，易不婚，或離婚，婚姻不美。

府相同梁

《下冊》

陽梁在夫妻宮

太陽、天梁在夫妻宮時，易有比自己年紀大很多之配偶。配偶是心胸寬大，會疼愛你的人。**在卯宮**，配偶也是事業好、名聲響亮、清高，但能帶給你富裕生活的人，你本身也能工作，有工作，不工作，就有人養。你會很年輕就結婚，能找到事業有大成就、能幹之配偶，家庭和樂，配偶能照顧你生活。**在酉宮**，配偶的事業較普通，但仍能對你好、照顧你，生活無虞、快樂。

有擎羊同宮時，是『刑官』格局，婚姻運不佳，女子易不婚，或姻緣少，因為女子以官星為夫星。『刑官』就易結不了婚，也易結了又離婚，事業運也不好。是男子時，易有凶悍之妻或懦弱之妻，本身事業運也不佳，夫妻又不合，易家破、家人分離。**在卯宮，有**

太陽化忌、天梁、擎羊同宮，婚姻不美，會不婚，或嫁娶頭腦不清或傷殘之人。多半不婚，易孤獨。**在酉宮，有太陽化祿、天梁、擎羊同宮**，易離婚，配偶事業有起伏，有段時間有賺一點錢，事業不順後易離婚。

有祿存同宮時，在卯宮，有太陽、天梁化權、祿存同宮，表示配偶是年紀比你大很多的人，他是性格保守、霸道、有事業、有成就之人，管你很凶，但你也很依賴他。你本身就對配偶較崇拜，也會有保守、護家、維護配偶或你心愛的自家人心態。你仍會服從配偶，家庭生活溫馨愉快。**在酉宮，有太陽化權、天梁、祿存同宮**，若是女子有此夫妻宮，家中配偶管事，他是保守、有大男人主義之人，但會負起家中一切責任照顧你們母子，雖有些霸道，但你仍甜蜜過日子。若是男子有此夫妻宮，你會自己具有大男人主義，但又怕妻，會在某些事情上（生活瑣事上）任其做主當家，而在某些大事上會自己做主，夫妻間時有衝突，但最後會化解，仍能和樂過日子。

※當夫、官二宮能形成『陽梁昌祿』格時，你會有文化水準高，學歷高之配偶，自己也能學歷高，生活品質優質、地位高，夫妻倆都名聲好。

有火、鈴同宮時，配偶仍然會愛護照顧你，但程度不算太好。配偶有古怪聰明，也會事業有起伏。配偶脾氣壞、火爆、急躁，你自己本身也是性急之人，會夫妻間常有口角，但不算嚴重，也不一定會離婚。

有一個天空或地劫同宮時，姻緣稍弱一些，努力仍可結婚，你自己的內心中，常目標不明確，也容易找到性格清高，價值觀不實際之配偶，配偶仍會照顧你，但他的工作可能易會起伏，中途會中斷或改行。

機梁在夫妻宮

當機梁在夫妻宮時，表示配偶有小聰明，但仍可能比你年紀大，會照顧你、依賴你，但會為你出主意，因機梁不帶財，故仍靠配偶賺少許的薪資過活。故你也易找到財不多、只夠衣食之需的財祿之配偶。**夫妻宮在戌宮者**，配偶賺錢少，因你本身的環境中就不會找到太有錢的人來做配偶。

有擎羊同宮時，在辰宮，有天機化祿、天梁化權、擎羊同宮時，表示配偶性格強硬，愛管你，你不喜被管，易離婚，或不婚，你的心態古怪，也不易找到合適之配偶。**在戌宮**，婚姻運不佳易離婚，也易姻緣少，不易結婚，你的內心是計較、保守、防人很嚴、又不喜別人管，又愛管人家，故不易找到好對象。如能容忍度高一些，可找到對象結婚。但也要小心相處，以免離婚。

有陀羅同宮時，在辰宮有天機化權、天梁、陀羅同宮，配偶是有點笨又愛管你、霸道、脾氣，但有些財祿及薪水之資，可過小康生活的人。夫妻間易有衝突，但你會懦弱，不敢反抗，故還可保住婚姻。

在戌宮，有天機、天梁化祿、陀羅同宮，配偶是有點笨，但很喜歡照顧你，會哄你的人，你也會懦弱，但有時很凶，你的命宮有擎羊，故有時得理不饒人，夫妻感情還算好，你會靠配偶過日子。

有火星或鈴星同宮時，配偶脾氣好，且氣躁火爆，對你的照顧不算好，夫妻間易有衝突，但不一定會離婚。配偶的工作也易有起伏。**有一個天空或一個地劫同宮時**，配偶較清高，或工作不穩定，也不太知道如何照顧你，有時會照顧，有時無，若是女子時，也會晚婚或不知如何找到對象。但運氣好時，仍可找到好對象。

同梁在夫妻宮

同梁在夫妻宮，前面已說過了，在第162頁，請參考。

天梁在遷移宮

天梁單星在遷移宮，居廟、居旺時，你在外貴人多，也常得到長輩、上司、老闆的喜愛，年紀比你大的人都會照顧你，或女人會對你好，你會桃花多，人際關係好，女性長輩型及比你年紀稍長之人對你更好。而且你是愛面子、注重名聲的人。你也會較依賴地位高的人來扶持你。

天梁居陷時，你不喜別人管你，故別人也對你照顧少，你在家中易是兄弟中之老二、老三，上有長兄、長姐，即使無長兄、長姐，未來你也會認乾哥、乾姐，你本性較天真，有稚氣，喜歡當小，也不喜歡強出頭，故你也不喜歡照顧別人，怕麻煩，喜歡被人照顧，但又怕負擔。

有擎羊同宮，是『刑蔭』和『刑官』格局，故你一生成就不高，事業易多起伏，貴人少，幫不上忙，你也會討厭別人多管閒事。**在子宮，有天梁化祿、擎羊同宮時**，表示同樣也刑蔭、刑官，也刑財。在你周圍環境中是一種爭鬥多、紛亂，好像長輩有給你錢財，但你不一定能花得到的狀況，而且須背負一些責任或義務，因此你也不太想要享受祖產、祖蔭，你會自己操勞、辛苦，也會心煩意亂，想得多，猶豫不決。一生你也不太願靠別人，貴人運不算好。事業也會有起伏，或做不久，或不工作，更會做粗下的工作。在丑、未宮，天梁居旺、擎羊居廟，也是刑蔭及刑官格局，環境中多競爭及爭鬥，無貴人，你也會佔了便宜也不領情。

有陀羅同宮時，會在丑、未及巳、亥宮，在丑、未宮，天梁居旺、陀羅居廟，表示貴人會用笨方法來幫你，但你不一定喜歡接受。因此貴人途不佳。你自己本身也會較笨，不知如何尋找貴人。在你的環境中，長輩對你照顧不好，你會工作無著，或工作不順，而錢財少，有錢財困擾及麻煩。易靠人生活。

天梁、陀羅在巳、亥宮為遷移宮時，天梁和陀羅都居陷位，表示家庭環境粗鄙，父母對你也照顧不好，你一生成就不高，比父母還差，父母還比你稍有錢不點，因此你易一直待在低層次的生活狀況之中。你也易做人養子，一生不富裕，靠人生活。

天梁、祿存同宮時，天梁居旺時，表示環境中有少部份性格保守的長輩或年紀比你大的人，或女性會照顧你。你的母親也會用保守的心態對你好。你如果有『陽梁昌祿』格，會有高學歷，人生層次會高，如無貴格，會較孤獨、保守，賺錢也不多，你的身體會不好，有傷災、病痛，壽命也不長，也易有車禍傷災，要小心。

天梁、火星或天梁、鈴星同宮時，環境中貴人運時有時無，貴人會用古怪的方式來幫助你，不一定合你需要，或不一定幫得上忙，似有若無。你的環境中爭鬥及變化多，易有突發狀況而不吉，你也會性格急躁、脾氣壞，做事不認真，工作不長久，凡事馬虎，或有精神上躁鬱的傾向。

天梁、天空或天梁、地劫同宮時，是官空、蔭空、劫空、劫蔭的格局，故事業易不順、成空，或你本身思想不實際，價值觀清高，做事做不久，或有些事和錢你不想賺，而錯失一些好機會。你也不想麻煩別人照顧你，你容易腦袋空空，或父母對你好，你也不知道，不領情。一生容易起伏不定，事業起伏大，或做不久，易改行或常換工作。

陽梁在遷移宮

太陽、天梁在遷移宮時，在卯宮，陽梁居廟，在外有男性和長輩型的人對你好。你一生處在一個對你寬宏，又照顧你周詳、親密的家庭中長大。父母對你恩德大。你出外也多遇貴人，會幫助你成就大事業。如果你的命宮在酉宮有天空星獨坐時，你具有『萬里無雲』格，會清高至上，有大理想抱負，會有大成就。國父孫中山先生就具有此命格，故能推翻封建，創立民國。

有『陽梁』在遷移宮，再能形成『陽梁昌祿』格的人，具有高學歷，能創造大富貴、大財富。

在酉宮，太陽居平、天梁在得地之位，事業運普通，且易中年怠惰或工作不長久。在你周圍環境中，男人對你較冷淡，女人對你稍好，你也會財祿不多，常感覺懶洋洋的、提不起勁來。

有擎羊同宮時，在卯宮，仍是刑官、刑蔭之格局，會環境中貴人運不顯，或你怕人管，或是有長輩型的人對你刑剋、挑剔，或強加管束，使你生活不愉快。你也會和父母不和，或父母中少一人，幼年時期便失怙、失恃。得不到良好照顧，未來你也工作上做不長久，或易換工作，多有起伏不順，也無法有高學歷，及高居層次的人生。在酉宮，人生層次更差，做一段時間而後不工作，天生命窮，易依賴人生活。

有祿存同宮時，在卯宮，有太陽、天梁化權、祿存同宮，貴人運好，表示家中母親掌權，結婚後易由妻子掌權當家，環境是保守，但能有上進心的人。若有『陽梁昌祿』格時，會在教育界、研究機構工作，能名聲響亮，一生生活水準高，無貴格的人，也能靠家人、妻室而發達，有衣食之祿、生活充裕。

在酉宮，有太陽化權、天梁、祿存同宮，環境中有保守的男性或父兄掌權當家對你好，你的事業運尚可溫飽，但有中年懶散之現象。你會對男性稍具影響力。有『陽梁昌祿』格的人，仍會生活層次高一些。

有火星、鈴星同宮時，貴人運會突有、突無。貴人或長輩也會脾氣急躁，不一定對你有利。環境中也容易失去長輩和貴人的關愛。

有天空或地劫同宮時，環境中貴人運不顯，或長輩及貴人幫助不實際。你也容易常在重要關頭，失去重要的貴人或父母，你也容易在事業上努力不實際，目標不明確，才華顯露不出來，更易子女少或無子，家中得不到良好傳承。父母也沒傳承給你什麼好事情。若有『陽梁昌祿』格時，又有天空、地劫同宮，你易不知道要走讀書的路子，而不具有高學歷，而錯過增高人生的機會。

機梁在遷移宮

天機、天梁在遷移宮時，你是空宮坐命的人，表示在你的環境中皆是具有小聰明，且靈活的人。你仍會有貴人運、長輩或女人，或年紀比你長的人會對你好。你也喜歡和比你年長之人來往。你會做薪水族生活，過普通人的日子。你命中財不多，必須工作才有財生活。

有擎羊同宮時，在辰宮，有天機化祿、天梁化權、擎羊同宮，表示環境中有較凶悍的長輩管你，你會煩惱多、生活緊張、辛苦。在工作上你會較笨，但有長輩管，你仍會靠他們生活來討飯吃。**在戌宮，只有機梁、擎羊入宮，**表示環境中多煩憂，長輩及貴人照顧你也不好，常無貴人，或幫助不力，你的工作也易不順，錢財會少，工作也不長久。

有陀羅同宮時，在辰宮，丙年生人，有天機化權、天梁、陀羅同宮時，表示環境多變、又有時拖拖拉拉的，環境中多聰明愛管事的人。表面上要照顧你、幫你，實際上他很笨，愛管又管不好，因此對你益處不多。你會較窮，錢財不順利，工作也不長久，一生起伏大。**在辰宮，戊年生人，有天機化忌、天梁、陀羅同宮時**，你周圍的環境不佳，多是非、災禍，也無貴人或長輩照顧。你周圍的人都是頭腦笨又不清楚的人，你自己本身也會糊塗較笨，因此一生會打混過日子。**在戌宮，壬年生人，有天機、天梁化祿、陀羅同宮時**，你周圍的環境是不太富裕，但有母親或女性對你略好的環境。家中會有一些問題，你會財窮，或父母長輩留一些少少的錢財，讓你糊口，但你必須負擔一些責任或義務，你也不一定肯做，你周圍出現的人也都是較笨、又有小聰明，有目的而來的人。

有火星、鈴星同宮時，你周圍環境不好和常有紛爭，或災禍發生，你也容易脾氣壞、少貴人。周圍環境中常出現的人，都是具有怪怪聰明，對你不算有利之人。

有一個天空或地劫同宮時，表示在你的環境中貴人常不明顯。你也會頭腦空空、清高、不實際，價值觀模糊。你的財帛宮會有另一個天空或地劫獨坐，故你在賺錢用錢方面根本不會理財，常沒錢。也不容易得到父母或長輩給你的錢財花用。你易工作不順利，做一段時間、停頓一段時間，工作不長久，因此會窮。

府相同梁
《下冊》

同梁在遷移宮

同梁在遷移宮，請看第170頁，不再贅述。

天梁在福德宮

當天梁單星在福德宮，居旺、居廟時，表示你能一生清閒，過快樂日子。你也會對知識有興趣，會很樂意教導別人，亦會在文學及哲學造詣上有較高深的內涵。你不會喜歡過太緊張的日子，會按部就班的來生活，因為會有天同在你的遷移宮或官祿宮之中，故你會有固定薪水、有衣食無缺的生活，過朝九晚五的工作型態，會把自己照料得很好。

當天梁居陷在福德宮時，你是機巨坐命的人，你也喜歡過清閒生活，但輕鬆不下來，但偶而會忙中偷閒，你對文學沒興趣，但也會往科技或其他學藝上發展，你未必對教授別人有興趣，倘若你做教職，也會粗略的教導別人。因為你凡事都是自己學的，所以也希望別人自己去發現經驗和道理。

有擎羊同宮時，會在子、午、丑、未宮，你的命宮有巨門、陀羅，你是內心易煩悶，且多是非口舌之人，無貴人運，也不喜別人管，生活很悶，想清閒卻不得清閒之人，內心多煩亂、想得多，因此會辛苦。在智慧上你也會差人一等。因此學東西都學不好，學不精。你可能根本不喜歡唸書，但若可能丟掉書本，你就儘量快速丟掉。你一生不相信別人，也不願承認自己笨，所以一生內心都有不可告人之痛苦。

有陀羅同宮時，會在丑、未、巳、亥等宮，你的官祿宮會有擎羊，你會天生較笨，但又陰險之人，在工作上有刑剋，做不長久或不工作，也會做做停停，一生享福少，但懶惰，亦可能靠人生活，或一生勞碌無成。

有祿存同宮時，會在子、午、巳、亥宮出現。你的父母宮有陀羅、僕役宮有擎羊，故六親不合，父母較笨，家世不好，易家窮，你會性格保守、小氣，只顧自己、不太管別人。只賺一些自己可吃穿的錢財自己享用而已。一生無大志，也無大發展。

有火星、鈴星同宮時，會內心急躁、不穩定，做事馬虎、脾氣壞。一生也較勞碌，享福較少。

有一個天空或地劫同宮時，在子、午、丑、未宮，易操勞和清高，對金錢不實際，你的命宮或夫妻宮有另一個天空或地劫，因此你易內心有怪異和聰明，幻想多、不實際，一生勞心勞力而無成果。也易工作做不長久，常想換工作或環境。

有天梁和空、劫在巳、亥宮同宮時，表示福空、蔭空，你會精神狀態不穩定，易有精神疾病，或頭腦空空，不太想事情，或無福操勞，得不好結果，也無多大享受。

陽梁在福德宮

太陽、天梁在福德宮時，有長輩、貴人照顧，你喜歡享福，易偷懶，表面上你脾氣好，寬宏大量，其實你是等待有人來幫忙。你能在知識上求進展，會東學西學，但不一定有用。有『陽梁昌祿』格的人，學東西有用。無貴格的人，不想多學，學了也無用，亦容易學一些中看不中用的東西。你會懶惰的享清，也不計較幫忙的人能力不好。此命若是女子，為福厚之人。會靠父母給舒適優裕的生活。

有擎羊同宮，其人命宮會有陀羅，故其人會較笨。**福德宮在卯宮時，有太陽化忌、天梁、擎羊入宮**，福份薄，頭腦不清，一生操勞，易不婚，亦會窮困無福，錢財不順。也易遇災而亡。**在酉宮，有太陽化祿，天梁、擎羊同宮**，亦和父母不和、無緣，婚姻不美，本身錢財少、心窮、多勞碌，生活較辛苦，仍易靠配偶生活。

有祿存同宮，**在卯宮**，**有太陽**、**天梁化權**、**祿存同宮**，因父母宮有陀羅、田宅宮有七殺、擎羊，故家宅不寧，家中有女性掌權，母親或長姐會管你較凶，你家不富裕，你只是擁有一點衣食之祿的人，若有『陽梁昌祿』格的人，會因讀書讀得好而福厚一些。否則也只是能依靠別人過日子，或為別人管家打雜之人。**在酉宮，有太陽化權、天梁、祿存同宮**，有『陽梁昌祿』格的人，能享財福，也能有高學歷，生活較平順一些。無貴格的人，想管又管不好，會因保存、自私而勞碌不停。其人也會有家宅不寧及守不住財，窮困的問題。

有火星、鈴星同宮時，會脾氣壞、急躁、衝動，頑固、福份少，忙碌奔波過一生，也易無成就。你也容易不信邪、不相信宗教、不信神。

機梁在福德宮

天機、天梁在福德宮時，表示其人須早年努力打拚，很辛勞，但有吃穿可過安逸的生活。其人具有求知慾與好奇心的人，但有時卻大而化之，並不完全悉心學習。有時也能得貴人幫助。其人易在中年以後才會過得清閒舒適日子。你也喜歡信教，有宗教信仰。

有擎羊、陀羅、火、鈴、劫空、化忌同宮時，會辛勞一生，財少，也無法過安逸日子。**有劫空同宮的人**，易信教，或寄身宗教。

同梁在福德宮

天同、天梁在福德宮，請看第182頁，不再贅述。

第十七章　天梁在『父、子、僕』、『兄、疾、田』對人之影響

天梁在『父、子、僕』及『兄、疾、田』等宮對人之影響，主要是在家庭方面和人際關係方面的影響。天梁在此六親宮，應該是最吉的方位。仍須天梁居旺，無刑剋，才有好的六親關係。

天梁在父母宮

天梁單星在父母宮時，居廟、居旺，無刑剋時，都有慈愛的父

母照顧細心，父母會較長壽，父母也會是重名聲、愛面子的慈愛之人。你與父母感情親密。父母也會性格開朗、開明，有責任心、身體健朗，心地善良之人。**有擎羊同宮時**，父母對你的照顧不好，你也不喜父母管，未來你也易和師長、上司不和，而沒有貴人運和長輩運。**有陀羅同宮時**，父母笨或窮，或文化水準不高，對你照顧也不好，你的田宅宮會有擎羊，或你也會有家宅不寧，或存不住錢或無房地產，財庫有漏洞的問題，故你也易不富裕。

有祿存同宮時，父母是保守、稍有衣食之祿的人。你的命宮有陀羅，故是你自己較笨，會覺得父母小氣，照顧你只有一點點，但仍是非常溫馨的照顧。

有火星或鈴星同宮時，父母是性急、脾氣不好、性格古怪，不一定能照顧你很好的人。你也容易和父母有衝突，相處不易，未來在工作時，也易遇到性急、古怪的老闆或上司有不合現象。

有一個天空或地劫同宮時，父母之一會早逝。父母很疼愛你，但不一定對你有助益，父母也容易是思想不實際，或不太會賺錢的人。你也無法感受到父母對你的好。當你工作時，也容易遇不到貴人幫忙。你亦會對長輩、上司、師長無法感受他們對你的好或益處。你會較獨立，不想接受別人幫助。

當天梁居陷和地劫、天空一起同宮於巳、亥宮為父母宮時，易無父母，也無照顧。或是和父母不親密，分隔兩地，一生也和長輩、上司、老闆有距離，無法接受照顧。

陽梁在父母宮

當陽梁在父母宮時，你是武相坐命的人，**在卯宮**，父母特別對你照顧有加，尤其母親對你疼愛扶持。你的父母同時也是有名聲、地位，事業成功的人士，會帶給你很多人生中上進和知識的資源，也會督促你讀書上進，成為一個有用的人。你的品行、教養會很好，因為父母很重視名聲之故。你在外也會和年長於你的人較親密和諧，會具有貴人運。

在酉宮，你與母親較親密，父親會先逝或離開，也會受庇蔭而生活優裕。父母也會留錢財給你，讓你衣食無缺，但你與父親較疏離。你在外易和年長於你的女性較和睦友好。長輩也對你不錯，和男性感情淡薄。

有擎羊同宮時，在卯宮，有太陽化忌、天梁、擎羊同宮，與父母不和，有刑剋，尤其和父親無緣，易父早逝，或和父親有衝突、不講話。你一生和男性、長輩皆不和，也易不婚或晚婚，也容易找不到工作，或工作不長久，因為會和老闆、上司不和。**在酉宮，有太陽化祿、天梁、擎羊同宮**，和父母緣淺不和，父親尚會賺錢，也可能留錢財給你。但你不一定花得到。你會有較凶之父母或不講話之父母，或是有較凶之老闆、上司，一生易事業不順。

有火星或鈴星同宮時，父母對你好，但父母容易急躁、脾氣不好，父母中也容易先走一人。父母對你的照顧不算周詳，但大致還算好的。

有天空或地劫同宮時，父母中易少一人，父母是思想清高、不重視錢財的人，父母對你好，但常是你不想接受的一面的。你不想被父母管，也常會無緣無故的失去貴人運。

有祿存同宮時，**在卯宮**，**有太陽、天梁化權、祿存同宮**，表示父母是有保守心態來對你好，家中母親當家管事，對你管得嚴。你會畏懼母親，又依賴她。未來工作時，也會有較年長的女性，或老闆、上司型的人物來用保守的方式來管你。**在酉宮**，**有太陽化權**、**天梁**、**祿存同宮**，表示父母也會用保守心態來對你好。父親常愛管你又不一定管得了你，母親對你較好，你會有反抗之心。未來在外工作，也會有男性主管，或老闆對你要求多，你也不一定會聽話服從。

有文昌同宮時，父母較斯文，長相美麗、有氣質，對你照顧有加，很疼愛你。你也會教養好、學歷高，有『陽梁昌祿』格的人，會有大成就之父母栽培你，使你的成就也變高。在工作時，也會有能幹、有才學、斯文的老闆、上司來提拔你，使你升官、升職很快。

有文曲同宮時，與父母感情親密，父母口才好、風趣多話，會帶給你快樂的人生，有達觀思想。

有左輔或右弼同宮時，父母會照顧你，幫助你一生，無論在生活或事業上都對你有助力，幫助很大。

機梁在父母宮

天機、天梁在父母宮時，你是天相居陷坐命卯、酉宮的人，你受母親的照顧較多，和母親較親密。父母是普通上班族，錢財不多，但仍會對你好。你的家中易窮，或會發生事情，但你一生都會和母親緣份深。

有擎羊同宮時，容易二姓寄居，和父母不合，或無緣份，父母易離婚或分居，父母間易不和，父母也會對你凶，或父母早逝，你得不到較多的照顧。未來在工作時，也易受老闆之刻責，你會害怕和長輩來往。**在辰宮，有天機化祿、天梁化權、擎羊同宮**，父母對你較凶、不和，母親更愛管你，你易做人養子女，一生膽小怕事，更害怕長輩。易孤獨、小心的過日子，父母會離婚，家庭破碎，易使你生活不穩定，亦會家窮，對你不照顧。

有陀羅同宮時，丙年生，在辰宮，有天機化祿、天梁、陀羅同宮，表示父母較笨，或窮，照顧你不好，但有時又突然聰明起來愛管你，你的田宅宮中有擎羊，故有家宅不寧的問題，也易家窮，和父母不親密。未來在工作上也遇又笨又自做聰明之上司或老闆。**戊**

年生人，在**辰宮，有天機化忌、天梁、陀羅同宮時**，表示父母頭腦不清、糊塗、又笨，根本照顧你不好，會家窮，幼年時期困苦，未來你也要小心有癌症病痛。**壬年生人，在戌宮，有天機、天梁化祿、陀羅同宮時**，表示父母較笨，表面對你不錯，但會造成你的負擔，實際上還是感情不算好的，母親對你好一些，你也未必領情。

有火星、鈴星同宮時，父母中少一人，或二姓寄居，重拜父母，或與父母不和，父母是脾氣古怪、急躁之人，對你並不算好，親子關係不太親密。

有天空、地劫同宮時，父母中少一人，或父母不重錢財，會較窮，你的田宅宮會有另一個地劫或天空，表示財庫空，因此父母對你的照顧少，或不周，你與父母感情較淡。

有左輔、右弼同宮時，你會是別人養大之人，和父母不算親密。故也要小心身體健康，小心腎病或下半身寒涼、生育不易等問題。

同梁在父母宮

請看第202頁，不再贅述。

天梁在子女宮

當天梁單星在子女宮，會在子、午、丑、未、巳、亥等宮。當**天梁居旺時**，無刑剋，會對子女疼愛照顧有加。有特別優秀的女兒，子女孝順。你也會特別具有慈愛心，會體諒別人，對晚輩照顧慈愛，也會愛護小動物，具有悲天憫人的情懷。在自身的才華上，你也容易得到出名的機會。**當天梁居陷時**，無刑剋，你對子女的照顧不周全，你不喜歡照顧人，喜歡被人照顧，但也不喜歡被管。你根本無大才華，你會較喜愛政治和一些較粗俗的喜好。你也會較重視物質享受，自己對周圍事物少付出關心。你喜歡靠競爭來奪權，對名聲不一定重視。

有擎羊同宮時，會在子、午、丑、未宮，表示最多有子女一人，或無子女。你與子女不合，子女不受你管教，你也不喜歡照顧他。即使你會照顧他，教育他，他也不接受。有女兒較好，反而會和你親近。

有陀羅同宮，子女較笨，你也會用笨方法來教育子女，子女會是性格悶悶的人，親子關係不算好。**天梁居旺時**，你仍會照顧子女，但常有是非衝突。**天梁居陷時**，你是自私、小氣的人。對子女也不照顧，亦可能不生子女。

有祿存同宮時，有一子，子女是保守，小時身體不佳的人，天梁居廟時，你仍會子女親密和諧、照顧子女。天梁居陷時，你易不婚或離婚，婚姻運不佳，賺錢也不多，也無法照顧子女，子女也生得少。你容易是個心狠又計較的人，故對子女也不好。

有火星、鈴星同宮時，子女少，或有子一人。你對待子女的方式急躁、火爆，對子女照顧不好，易失去子女，或與子女不和。

有一個天空、地劫同宮時，易有女兒，而無兒子，你對子女用心照顧，但不一定是子女所需要的。要多溝通，能增進親子關係。

有天梁陷落加地劫、天空在巳、亥宮同宮時，無子女，你也無才華。

陽梁在子女宮

當陽梁在子女宮時，**在卯宮**，會子女多，有四、五個，男女都有。子女乖巧聽話。**在酉宮**，子女稍少。在卯宮，子女未來會讀書好，肯上進、事業有成、名聲好。你對子女寬宏疼愛、照顧倍至，你也會以本身的才華出名。**在酉宮**，子女的事業運稍差一點，你也會對子女只是普通衣食上的照顧。

有擎羊同宮時，在卯宮，有太陽化忌、天梁、擎羊同宮，會無子、不婚，或有傷殘之子，你本身也會有生育方面的問題，而不生子女。你會與兒女緣份淺，尤其是兒子，更會與晚輩有衝突，你根本不喜歡小孩，也不會喜歡照顧晚輩。**在酉宮，有太陽化祿、天梁、擎羊**，可有一子，但不和，兒子圓滑一點，但也不易與你親近，你對子女的態度有時會懦弱，但仍不討好。

有祿存同宮時，在卯宮，有太陽、天梁化權、祿存，有子一人，女兒可多幾個，表示子女乖巧、保守，女兒較有能力，能管事。你對小孩的管教與照顧是保守又權威式的，有些子女認可，有些不認同，還是會有小衝突不斷的情形。

在酉宮，有太陽化權、天梁、祿存同宮，有子一人，女兒可多一些，兒子較稍有能耐，你也會偏愛兒子，你對子女的管教與照顧是保守又權威性的，兒子不一定聽，因此有衝突。

※當子女宮及田宅宮相照形成『陽梁昌祿』格時，你的家門會知識水準高，子女也都能有高學歷，一家中有多個博士、碩士是很平常的事。

有火星、鈴星同宮時，對子女照顧不周詳，子女是表面乖巧、脾氣急並且性格、脾氣有些古怪的人。你也會用粗糙、性急的方式來教導及對待他們。

有一個天空或地劫同宮時，你的父母宮也有另一個地劫或天空星獨坐，表示你們家門不旺，子女也不會太多，最多一、兩個，父母與你的緣份淺，你也對子女的照顧不是太用心。子女會是性格清高、不實際但仍乖巧的人。

有文昌同宮時，會有斯文、美麗的小孩，會讀書較好，未來有成就，若有祿星能形成『陽梁昌祿』格的人，子女與你的緣份深，一定要有祿星，子女才與你緣深。可家門一族皆是有高學歷、高文化水準的人。

有文曲同宮時，子女多是活潑可愛、才華多、口才好的人。子女也桃花多，在家中很熱鬧，能振興家門。

有左輔、右弼同宮時，表示子女會由別人帶大，包括由祖父母、阿姨、佣人帶大。會有很多人對你的子女好，照顧他們。你的子女亦容易是以人工受孕的方式產生的。未來子女成就也會大。

機梁在子女宮

天機、天梁在子女宮時，在辰宮，有二、三人，在戌宮，女多男少，只有一子，子女容貌端正、頭腦靈活，有小聰明，具有特殊才能。但子女的錢財不多，為普通上班族，成就不會太高。你也可能有庶出之子。你容易有逢場作戲的性生活。

有擎羊同宮時，有子一人，子女是聰明而不好教養之人。**在辰宮，有天機化祿、天梁化權、擎羊同宮**，子女為上班族，但工作易不順、起起伏伏，女兒較能幹，但也和你不親密，親子關係有相剋及衝突現象。

在戌宮，只有機梁、擎羊同宮，子女不好教養，你對待子女的方式也會強悍、太凶，子女會陽奉陰違。

有陀羅同宮時，丙年生人，在辰宮，有天機化權、天梁、陀羅同宮，子女較笨，好爭、是非多，彼此不和，和你的關係也不好。**在辰宮，戊年生人，有天機化忌、天梁、陀羅同宮**，子女頭腦不清、較笨，也易有傷殘之子，與你緣份淺，不和。**在戌宮，壬年生人，有天機、天梁化祿、陀羅同宮**，子女較笨，易有不工作，會成為你負擔之子女。

有火星、鈴星同宮時，子女聰明、古怪、有特殊奇怪的聰明，也易有不行正道的聰明，脾氣急躁、不穩定。也易工作起伏，和你感情不深。易為你帶來麻煩。你本身對待子女的方式也是急躁、不安，沒有原則的。

有一個天空或地劫同宮時，子女較少，有一、兩個，你與子女緣份不深，會有時相處冷淡，子女不帶財，故成就會比你更差。

有文昌同宮時，在辰宮，子女還精明、斯文、美麗、有上進心。在戌宮，子女為長相粗魯之人，也無上進心。

有文曲同宮時，在辰宮，子女話多、很聒躁、人緣好，亦有才華。在戌宮，子女話少，口才不好，也無才華。

有左輔、右弼同宮時，子女可能借助人工受孕而生產的。子女也可能為他人帶大，也易有在外面所生之子女。你會在子女年長一些才和他有點感情，但緣份不深，未來要你的態度如何、子女才會對你好。

同梁在子女宮

同梁在子女宮，請看第213頁，不再贅述。

天梁在僕役宮

天梁單星在僕役宮時，居廟、居旺時，又無刑剋時，表示朋友運好。且多年長於自己的長輩型朋友會幫助你。朋友即是貴人，對你助益很大。你可以從朋友身上學到很多寶貴的經驗。朋友也會悉心教導你、輔導你，因此你很容易事業成功。你也願意誠心向朋友學習。

當天梁居旺、居廟在僕役宮時，你的朋友都是正派、清白、品行端正、好面子、重名譽的人，某些也是具有聲名遠播的人。因此你也容易擠入較上層社會或較專業的社會團體之中。你的朋友也會介紹很多關係給你，使你也人生層次變高。同時你也較有領導後進、啟發及教導後進的胸懷。

當天梁居陷在巳、亥宮為僕役宮時，表示朋友運不強。你的朋友都是名聲不大、不響亮，或是不重名聲、名譽的人，也表示你的朋友可能是唯利視圖，不太講道義的小市民之人。因為你是武府坐命的人，本身就較重視利益、愛錢，你對朋友的態度很現實，自然也不會交往太笨、太不重錢財及不會理財的人。因此朋友不會照顧你，你也不會照顧朋友，你很少貴人型的朋友，你的朋友反而希望你能幫他們一點，因此你和朋友之間彼此會有勢利眼的對應狀況。你也不會具有領導及教導後進的能力與胸懷。

當有擎羊同宮時，會在子、午、丑、未宮，朋友運不佳。在子、午宮，擎羊居陷、天梁居廟，朋友是內在險險、有心計、易年長的人，有時是名譽不好，或名譽受傷的人。你常會受朋友的傷害，你因為貪圖利益之故，故也不重形象，會一味巴結你想要從他身上得到好處的人。但未必能得到利益，常吃虧上當。

有陀羅同宮時，你長輩型的朋友較笨，因此你也無法從他們身上得到經驗傳承。你會喜歡和年紀比大你，悶聲不吭的人做朋友。你是性格保守的人，很怕別人來害你，或欺負你，因此你要找笨一點或年紀比你大一點的朋友，你較放心。

有火星或鈴星同宮時，天梁居旺時，你的朋友多半是比你年紀大的人，但他們脾氣古怪、不好惹，也會一下子出現，一會兒又忙自己的事去了，和你不親密，有時也會有衝突，不算太好的朋友運。天梁居陷時，朋友比你年輕，或對你不好，朋友是性格衝動、急躁、火爆的人，常會對你凶。你也會對朋友不耐煩、少來往。

有一個天空或一個地劫同宮時，天梁是居旺的，你的朋友多半是年紀比你大的朋友，但感情不深，你也不想找他們幫忙，是君子之交淡如水的狀況。

陽梁在僕役宮

太陽、天梁在僕役宮，在卯宮，你的朋友不論男性、女性都是性格開朗、有名聲、有地位，又有慈愛心的人，而且大多數是年長於你的人。朋友會對你多照顧，你會因為朋友的幫助而在事業上有發展及有名聲。**在酉宮**，你的朋友中以女性對你較好，也會年紀比你大的人對你較好。朋友中大多是事業運不算太好的人，但還能正派行事、講求自愛、無太大名聲，只是一般普通人。當你請他幫忙時，也會對你照顧，只是並不十分熱心而已。

有擎羊同宮時，在**卯宮，有太陽化忌、天梁、擎羊**，朋友運不佳，尤其和男性朋友、同事有瓜葛，會打官司，或受其拖累。也會有頭腦不清、名聲不好的朋友來糾纏、陷害，因此你要小心。更要小心男性朋友來拖垮你的事業。**在酉宮，有太陽化祿、天梁、擎羊同宮時**，你的男性朋友是表面圓滑，但內心狡詐的人，女性朋友直接和你不和，朋友運不算好。

有祿存同宮時，在卯宮，有太陽、天梁化權、祿存同宮，你的朋友是性格保守、又愛管你，會在事業上傳授教導一些知識技能和人生道理給你的人。他們大多數年紀比你大，而且女性的長輩型朋友，會更對你有利，但也會嚴格的督促你。你也會結交保守的名人和事業成功卻性格保守之人。你對後輩或晚輩或下屬人員，也會用諄諄善誘的方法、用保守心態來對待他們。因此你會結交好朋友、好部屬，但人數不多。**在酉宮時，有太陽化權、天梁、祿存同宮時**，表示朋友會很保守，而以有地位、有名聲、年長的男性朋友對你愛管束，這些朋友事業有成，也會影響提攜，使你的工作和事業會發展大。

有文昌同宮時，朋友是外表長相斯文、氣質好、有文化素養、知識水準高、學歷高，會在文化及學術界工作的人。未來他們的成就也高，亦會帶動你的生活圈很高尚。

有文曲同宮時，朋友是長輩型的人，口才好、桃花多、人緣好、活動力強、才華多。朋友聚會多，很熱鬧。你從不會寂寞，朋友運也會為你帶來財祿或名聲。

有左輔或右弼同宮時，朋友是長輩型的人，他們會在事業上或人際關係上左也幫忙，右也幫忙。同時你的父母宮有另一個左輔或右弼，因此你的父母也是幫你的。此形式在卯宮時，長輩型的朋友和上司會幫你在工作、事業上賺錢多。在酉宮時，長輩型的朋友和上司在工作上幫你賺錢不多，但都會使你的名聲提升。

機梁在僕役宮

天機、天梁在僕役宮時，你是天府坐命巳、亥宮的人。表示你的朋友中都還具有小聰明的人，會偶而幫忙你一下，但他們財利不多，只是薪水族的人，故他們多半對你只是精神上的鼓勵，而沒有

府相同梁

《下冊》

實質金錢上的幫助。還是以年紀比你大的人對你好一些。

有擎羊同宮時，朋友運不佳，朋友會陰險狡詐，處處佔你的便宜，讓你內心不平衡。**在辰宮，有天機化祿、天梁化權、擎羊同宮時**，朋友是薪水族，會能幹一些。薪水多一點，名氣大一些，但對你的態度仍不好，也會與你有相剋情形，或用權力、地位來壓制你，使你內心痛苦或吃虧上當。

有陀羅同宮時，**在辰宮，丙年生人，有天機化權、天梁、陀羅**，表示朋友較笨，但又愛耍小聰明、搞怪來壓制你，令你啼笑皆非，你是一個心態保守的人，也非常老實，不善於心計和搞是非鬥爭，因此會覺得這些人很討厭。**在辰宮，戊年生的人，有天機化忌、天梁、陀羅同宮時**，表示朋友都是頭腦不清、很笨、是非多，好像是在幫你，卻愈幫愈忙的人。他會用一些古怪的、自以為聰明的方法來幫你，其實全都是笨方法，讓你很氣憤，講他也不聽。你會少和朋友來往，以免受連累。**在戌宮，有天機、天梁化祿、陀羅同宮時**，朋友也是愈幫愈忙，讓你覺得好像是對你好來幫你的，但實際上卻使你背負更多的包袱。

有火星或鈴星同宮時，朋友有古怪聰明、脾氣壞、又急躁，對你弊多利少，幫不上忙。

有天空或地劫同宮時，朋友有時對你提供精神上的鼓勵和援助，有時又沒有。你也不太願向朋友訴苦，不想找他們，或不想麻煩他們。

有文昌同宮時，**在辰宮**，有文質彬彬、斯文、有文化氣息的朋友，朋友也精明幹練，但多半是薪水族，生活普通並不特別富裕。**在戌宮**，朋友較粗俗，理財能力不好，是普通薪水族中氣質差的人。

有文曲同宮時，在辰宮，文曲居廟，朋友皆是口才好、多話之人。因此朋友在你身旁很熱鬧，但他的喜講八卦事情，也會替你出主意，你人緣雖好，但不一定有用，朋友易是虛而不實的人。**在戌宮**，文曲居陷，你周圍的朋友會少，不熱鬧，朋友更虛而不實的更厲害。

有左輔或右弼同宮時，你的兄弟宮會有另一個右弼或左輔星和僕役宮相對照，你會在家有兄弟幫忙，在外有朋友幫助，但兄弟和朋友皆不富裕，而且他們也只是口頭上或精神上支持你，並無實質幫助。

同梁在僕役宮

請看第223頁，不再贅述。

天梁在兄弟宮

天梁單星在兄弟宮，居旺或居廟時，家中有長兄、長姐，你多半是老二或老三，或是兄弟中間排行的人。如果有天梁化權居旺時，更驗。有長兄或長姐當家管事。通常有天梁，在兄弟宮時，不論旺弱，你都會有弟妹。有天梁居陷在兄弟宮時，你較會是兄弟中最小或排行中間的人。

當天梁居旺、居廟在兄弟宮時，兄弟間相互友愛，兄弟中亦有能力好、名氣大，或是能照顧及提攜自家兄弟姐妹的人。當你的兄弟宮是天梁居旺時，表示兄弟就是你的貴人，兄弟之情深厚，兄友弟恭，相互有助力。當天梁居陷時，兄弟對你的助益不大，兄弟姐妹中的成就會沒你好，你也不想出太多力管他們。

當有天梁、擎羊在兄弟宮時，有天梁居廟、擎羊居陷時，兄弟不和，兄弟中有懦弱、陰險者，相互爭鬥計較，你會較孤獨、沒人緣。有**天梁居旺，擎羊也居旺時**，兄弟較凶悍強硬，也不和，彼此不來往。

天梁、陀羅在兄弟時，兄弟較笨，彼此無法相法照顧，且多是是非不和。

天梁、祿存在兄弟宮時，有兄弟一人，姐妹可多，兄弟是性格保守溫和的人，但小氣懦弱，有事時會幫你，平常較吝嗇。

天梁、火星或天梁、鈴星在兄弟宮時，兄弟脾氣古怪、急躁，亦會不和，相互無幫助。

天梁、天空或天梁、地劫在兄弟宮時，兄弟還溫和相處，兄弟少，也會有古怪的聰明、不實際，更會相互無助益，各自有各自的生活圈，少溝通。**當天梁、地劫、天空在巳、亥宮一起同宮時**，無兄弟，你也少朋友來往，較孤獨。

陽梁在兄弟宮

陽梁在兄弟宮，**在卯宮**，有長兄、長姐，會照顧你，家中也會有出名或有成就會讀書之兄弟姐妹。兄弟之間感情深厚，大的會照顧小的，兄友弟恭，十分幸福。**在酉宮**，兄弟姐妹感情普通，兄弟之成就也普通，相互是平凡但還和順之兄弟感情。

有擎羊同宮時，兄弟不和，相互無法照顧扶持，且有長兄或長姐不仁，不肯照顧弟妹，以後你在外遇到比你年紀長的同輩，也會相處不好。

有祿存同宮時，兄弟一人，姐妹較多，兄弟姐妹較保守、小氣。會用保守、吝嗇的方式對你好，但有長兄、長姐會無條件為你付出，是你終身最大的貴人。你們會感情深厚，胳臂肘往內彎，兄弟也對你寬宏大量，只對你一人好。

有火星或鈴星同宮時，兄弟脾氣古怪、急躁、火爆、衝動，兄弟不多，一、二人而已，你們感情時好時壞，不完全有助益。

有天空或地劫同宮時，兄弟較少，兄弟是頭腦不實際的人，和你之間表面看來感情還好，但易冷淡，或你根本不想找他來幫忙你，彼此之間少溝通，或少來往，相互助益不大。

機梁在兄弟宮

機梁在兄弟宮時，表示兄弟有二人，姐妹會多，你是紫殺坐命的人。你的兄弟有小聰明，會做薪水族，成就沒你高。他對你只有精神上的支助與鼓勵，實際上沒有實質的幫助。你會與姐妹感情好一些，但也是精神鼓勵，或你幫他們多一些。

有擎羊同宮時，兄弟少，一人，或有姐妹，彼此不和，容易爭鬥不停，或他愛管你，很霸道，你是性格保守之人，不喜被管，彼此相視成仇。你一定會離家，或逃離他的掌握。

有陀羅同宮時，兄弟又笨、又聰明，但會多是非，或頭腦不清，會做些笨事，因此就算是彼此做精神鼓勵也做不好，有時又想管你，但你不給他管，有時兄弟也會成為你的精神負擔。

有火星或鈴星同宮時，兄弟脾氣不好，性格古怪，有怪怪的聰明，你們間的關係時好時壞。根本無法有精神上的鼓勵與支持。

有天空或地劫同宮時，兄弟少或無，但有姐妹，你的父母宮有另一個地劫或天空，你和家人是緣份較淡薄的人，也會家人少，或少溝通、少來往，因此和兄弟連精神上的支助與鼓勵都可能沒有。

同梁在兄弟宮

請看235頁，不再贅述。

天梁在疾厄宮

當天梁星在疾厄宮時，都表示人的八字中土多，有土蓋水的狀況，或水土不調的狀況。因此易有腎弱、腎虧及脾胃方面的毛病，或肺、肝較弱，宜注意肝氣犯胃之症。

當天梁在疾厄宮時，其人命宮都有一顆破軍星。破軍入命的人，身體都會有一些病痛，會是破破爛爛的身體。有些人年輕時，還健壯病災少，但中、老年後定有病痛、傷災、舊疾的問題發生，其人還易有氣管、和肺部較弱、易感冒，或有水道系統如膀胱、尿道、腎臟的問題，要小心。

當天梁居陷在巳、亥宮時，更要小心血液中含雜質、不淨的問題。

有擎羊同宮時，多傷災、易開刀，還要小心心臟病、肝病、眼目不佳、腎臟有問題、腎病是真的嚴重了，易洗腎，也會脊椎骨有問題，和左手、左腳、左半邊身體多傷災。更容易腹內疾病嚴重。常是八字中有土木相戰之狀況，也易有糖尿病。

有陀羅同宮時，有傷災、皮膚不好、濕瘡、肺部、肝腎的毛病。也會有壞牙、齲齒、牙齒受傷的問題。陀羅居陷時，天梁也居陷，故易駝背、縮腰、身體更差，或有腎虧、無法生子。

有火星或鈴星同宮時，易有皮膚病、長腫瘤，同時也是肝腎易有疾病的人。

有天空或地劫同宮時，會有癌症發生，宜多做健康檢查。

陽梁在疾厄宮

陽梁入疾厄宮，有糖尿病和肝腎、心臟、脾胃的毛病，亦會眼目不好。高血壓、問題很多。加羊、火、鈴、劫、空時，兼有前面之現象。

機梁在疾厄宮

機梁入疾厄宮時，下腹和膀胱及腎的部份易患病。也會有脾胃內臟的問題，亦會有手足或身體中神經系統不良症。有羊、陀、火、鈴、劫空同宮時，身體更差，兼有前面之狀況。

府相同梁

《下冊》

同梁在疾厄宮

請看245頁，不再贅述。

※凡有天梁在疾厄宮的人，都是需要上天保佑和須要多受到照顧的健康問題。蔭庇條件好的人，則少病災，身體健康，和醫院無緣。蔭庇不佳的人，易多病災。

天梁在田宅宮

當天梁在田宅宮時，居旺、居廟時，皆表示家中有長輩在照顧。尤其有女性長輩型的人在照顧。因此你易結婚後仍與父母同住，或是和岳母、婆婆同住。你會無後顧之憂，生活輕鬆快樂、少麻煩。也會有人幫你帶小孩、主持家務，或父母給你房子、房地產，讓你生活無憂。居陷時，沒有長輩幫你忙，也不會給房地產，你也不喜歡長輩管你。

天梁在田宅宮時，居旺時，家中是注重名聲、家運是欣欣向榮的，家人會一起努力，長輩也會指導你，使你的生活層次變高。居陷時，房地產少，或無，或在他人名下，與你無關。生活層次會逐漸下降，你也會依賴別人過生活。

有天梁居旺在田宅宮時，家中人是溫和、相互關愛、且知上進，後此能通力合作，能過幸福日子的人。家人也易拜神，或有祖先牌位。家中會受蔭庇，家運會蒸蒸日上的。天梁居陷時，家人仍溫和，但懦弱、上進心差，彼此不照顧，或少照顧，不太合作，易有是非。家中也沒有神明或祖先牌位，不會祭拜。

有天梁居廟或居旺在田宅宮時，無刑剋時，也容易得到國家或公家機關給你的房子及退休金。有刑剋時，如有羊、陀、火、鈴、劫空、化忌同宮，易拿不到退休金或公家宿舍分發的房子，或有麻煩而失去。

有天梁在田宅宮時，就是你的財庫就是上天、神明或貴人在照料著。有羊陀、火鈴、劫空、化忌同宮時，就是和貴人或神明庇佑不合，故易存不住錢，錢財也易不翼而飛。

陽梁在田宅宮

陽梁在田宅宮時，家中有長輩（男女都有）在照顧。在卯宮，你會有很多房地產，也會得到祖產。家中是陽光普照，生活愉快，家人和諧，子孫滿堂，其樂融融的。在酉宮，祖產不多，且易漸減少，或家族的沒落，故所得之家產較少。家中長輩照顧你也不盡力。你的財庫也易漸漸在消減當中。家中錢財不多。

有擎羊同宮時，家宅不寧，財庫有漏洞，房地產少或無。也不會有長輩在照顧你，或是長輩愛管你，但對你的家庭不利。家庭也易破碎不全。你易錢財守不住。**有祿存時**，房地產少，一棟。家中有保守的長輩在照顧、照顧不多，你也會財庫不大、錢財不多。

有火星、鈴星、天空、地劫、化忌同宮時，家人會古怪，房地產和錢財留不住，家人思想不實際，或家人不親密，故你也會錢財留不住，命中財少。

機梁在田宅宮

機梁在田宅宮時，家中有小聰明之長輩在照顧，但長輩錢財不多，給你的不多，更可能會靠你養活或照顧。你的家中錢財不多，家人對你只有精神鼓勵、無金錢上之幫助。家人還可平順相處過日子，你的房地產不多，而且會失去後再購置，年老時，會有較多一點房地產，而且房地產皆是自購的，如有羊、陀、火、鈴、劫空、化忌同宮，則房地產留不住，會無產業，及家人不和、多爭鬥，或不來往。

若女子之田宅宮是天梁居旺入宮，則子女也多，表示子宮好、受孕能力強，但她不一定喜歡小孩，而是性能力好而已。**天梁居陷時**，子宮較弱，也易生多病之子女。有羊、陀、火、鈴、劫空同宮時，子宮不好，較弱，也易開刀，或拿掉子宮，在生育機能上會較弱，或不能生育。這也會影響到其人會晚婚或不婚。

第十八章　府相同梁在大運、流年、流月對人之影響

我在本書上冊最前面就開章明義的說過：『府相同梁』四顆星就代表宇宙間萬事、萬物的一種『生、老、病、死』的一種循環的自然現象。也代表宇宙間對人類來說所能形成的財、祿、壽、喜、福、貴及財、官、印之組合的問題。天府是財星，是人天生的生命資源，它也會關係到生命的存活與消長。生命無財了，就容易消亡，因此也會主壽命。人要有權才能掌財，故也暗藏印綬。人要有工作能力，才能主富，故也主官（代表事業）。命中財多的人，做人

圓融，人緣好，機會多，好事連連，故主喜，有喜就有福，故也有福了。

府相同梁四顆星皆包含了財、祿、壽、喜、福、貴及財、官、印的成份。它在運氣的運行上，也是周而復始的循環轉動，由『生、老、病、死』的一個循環中而再生、復生，一再的循環不已。因此我們在看大運、流年、流月、流日、流時的時候，就知道是自己天生的財、祿、壽、喜、福、貴及財、官、印在運行變化了。而且每一個環節都息息相關，不會亂掉或散落。當你在走『府相同梁』運時，不論是在大運或流年，或流月、或流日、流時之中，其實都和福氣有關。而你的福氣就要看你命盤中『府相同梁』這四顆星是否是和羊、陀、火、鈴、劫空、化忌等煞星同宮而定了。

例如說：天府和天相是在三合宮位相照的，例如你命盤中的天府星是完美無刑剋的，而天相有擎羊同宮，則有『刑印』格局，因此你命中天府所帶來之財祿仍是不多的。且會因為懦弱或受欺負的緣故，而財沒那麼多了。又例如：在你命盤上天相福星是完美無刑剋的，但天同福星，有擎羊同宮，仍是刑福，易有傷殘現象，或窮困，遭災、勞碌的問題，仍是福不多的。

是故，人天生的財祿、壽、喜、及財、官、印之組合，這些影響人一生的命好、命壞的問題，實際上都和『府相同梁』四顆星的形式有關。有刑剋的形式，就會戕害了人生的福氣享用，和財祿的多寡，以及壽命長短和人生成就等要素。所以你想要知道自己究竟命中有多少財？命會多長、壽元幾何？一生是辛苦或勞碌？事業成就有多高？會不會有貴人幫助？能不能過享福、快樂、輕鬆的日子？這些種種的問題，都取決於在你命盤中之天府、天相、天同、天梁這四顆星的形式組合，是否有受到刑剋的問題了。

當大運走到『府相同梁』等運程時，無刑剋，又居旺的話，就會有平順的十年運程，也可輕鬆的享快樂。走到天府運，包括紫府、武府、廉府，都會錢財順利，能多積蓄，喜享受物質生活，或喜好吃穿享受。也能享受得到。只是財祿和享用有大小和多寡之分而已。

走到天相運時，居旺時，包括紫相、廉相、武相，也會錢財順利，會理財、愛享福，喜歡物質生活之享受，也是在吃穿方面注重，能享到福而快樂。天相居陷時，因外界環境不佳，故易多災、錢財易損失、耗財，或有傷災、病痛，或事業運不佳、受阻。若是上班族族者不可隨便換工作，宜多忍耐來度過慘澹歲月。

府相同梁
《下冊》

走到天同運時，人生的腳步都會放慢，較會慵懶，愛享受田園生活或輕鬆的生活。日子過的平常、平順。錢財、工作也穩定，不太會變換工作。也是享受吃穿上的愉悅之生活。若天同居平或居陷時，會為一些玩樂之事勞碌或懶惰不做，享福就享不到，也會吃穿享用也少。

走到天梁運時，居旺位以上時，會有貴人運來照顧，也會有升官或名氣響亮之事。有桃花，但會經人介紹才成，也才會是好桃花。會有喜慶之事，尤其以陽梁運在卯宮之運程最佳，可大展鴻才，人生層次增高，也能在考試上奪魁。天梁居陷時，考試不易，也易滑鐵爐，且無貴人運，事業多受阻擾、桃花也少，更無貴人幫忙介紹。

如果運程走到天府、天相、天同、天梁這四顆星帶有擎羊、陀

羅、火星、鈴星、地劫、天空或化忌（包括和文昌化忌或文曲化忌同宮）的運程時，就要小心有是非口舌，或其他的災禍發生，這是『刑財、刑福、刑印、刑蔭、刑官』等格局。『財、官、印』所代表之財祿、事業、權力、地位，就會受到刑剋而不吉，其中以『府、相、同、梁』和擎羊同宮的刑剋為最嚴重。不論府、相、同、梁的旺度有多高，只要和擎羊同宮，也完全是變成嚴重受傷的狀況，會把你的人生帶入直落到最低點的位置。也易多傷災、開刀，凡事不順。多競爭或多是非災禍，無貴人救助幫忙，只能自己一人孤獨的承受。

有陀羅同宮時，只是笨和拖拖拉拉、做不下去，只要拖過了那段時段，運氣就會上升，故拖時間也是一個解決的辦法。

有火星或鈴星同宮時，凡事會古怪、會衝動，急躁、速度快，因此易有損耗、傷剋，如能逼自己忍耐，也能少損失一點，但通常忍不住。

有天空或地劫同宮時，是思想清高，有特殊聰明，會離財遠，或看不見財，自然在工作上也會不努力，也容易操勞而看不對方向、目標，多做反而是一場空。

有化忌同宮時，包括天機化忌、太陽化忌、巨門化忌、太陰化忌、文昌化忌、文曲化忌等同宮時，都會有頭腦糊塗、錢財不順、事業有滯礙、失敗或學業、考試、升官出現問題。這也是聰明不足、眼光不正確、頭腦思想有問題，及發奮力不足的影響，自然也無法掌握好運了。反而因此而遭災，走楣運。亦會家人、朋友不和，而這些不和，也多半因錢財而起的，是財窮的結果了。

流年、流月、流日、流時的看法和大運相同。**流年是看每個逢**

到的地支年的運氣，例如申年（猴年）就看你命盤上的申宮，酉宮（雞年）就看你命盤上的酉宮。宮位中有什麼星？有無和羊、陀、火、鈴、劫空、化忌同宮？還有，是好的形式？還是刑剋的形式？再參考前面來做解釋。

（看流年的問題，請看『大運、流年、流月』上、下冊，有詳細說明。）

流月必須要推算，以該流年宮位為主，用逆時針方向來數生月，再順數生時回來，所逢的宮位就是流年的農曆一月，再接下來，以順時針方向的宮位開始算一月、二月、三月……。（看流月之方法在『三分鐘算出紫微斗數』一書中，有詳細介紹）。

流日，從流月之當月宮位開始算初一，也是順時針方向，開始數初一、初二、初三……。一直到該月結束，有二十九日或三十日之分，要看大月或小月。看流日，若逢到『府相同梁』也是要看其形式，才能解釋該日的好壞意義。有刑剋色彩時，都不平靜，會心情不好，有不吉發生，享不到福。

看流時，即以子宮看子時，丑時看丑時，依序看下去，當逢到有刑剋的府、相、同、梁之時辰時，也要小心有災、不吉，可參考前面的解釋來判斷凶事內容。最好以不變應萬變，以不動則傷害少的原則來處理事情，等待凶時過去，再開始動。因為流時只有兩個小時的過程，因此流時不佳時，只要等兩個小時過去，就會無大礙了，故不能太心急。

對你有影響的

羊陀火鈴

法雲居士⊙著

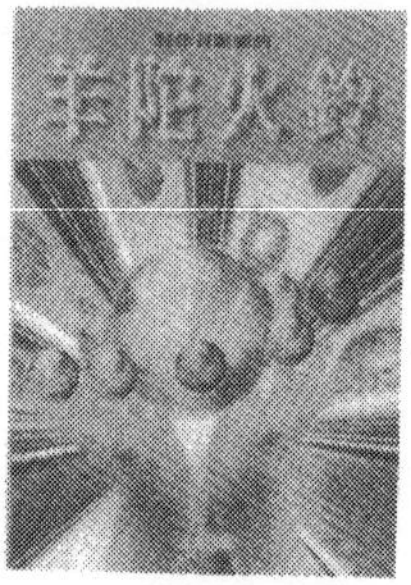

在每一個人的命盤中都會有羊、陀、火、鈴出現，這些星曜其實會根據其本身特質來幫助或影響命格，有加分、減分的作用。羊、陀並不全都不好。火、鈴也有好有壞，端看我們怎麼運用它們的長處，和如何抵制它們的短處，就能平撫羊、陀、火、鈴的刑剋不吉。以及利用它們創造更高層次的人生。

對你有影響的

昌曲左右

法雲居士⊙著

在每個人的命格之中，文昌、文曲、左輔、右弼都佔有重要的位置。昌曲二星不但是主貴之星，也直接影響人的相貌、氣質和聰明度，更會為你的人生帶來不同的變化和創造不同的人生。左輔、右弼是兩顆輔星，助善也助惡，在你的命格中，到底左輔、右弼兩顆星是和吉星同宮還是和凶星同宮呢？到底左右二星有沒有真的幫忙到你的人生呢？

對你有影響的

殺、破、狼

上、下冊

法雲居士⊙著

每一個人的命盤中都有七殺、破軍、貪狼三顆星，在每一個人的命盤格中也都有『殺、破、狼』格局，『殺、破、狼』是人生打拚奮鬥的力量，同時也是人生運氣循環起伏的一種規律性的波動。在你命格中『殺、破、狼』格局的好壞，會決定你人生的成就，也會決定你人生的順利度。

下冊是繼上冊之後，繼續討論『殺、破、狼』在『夫、遷、福』、『父、子、僕』及『兄、疾、田』以及在大運、流年、流月行運之間的問題。『殺、破、狼』格局既是人生活動的軌跡，也是命運上下起伏的規律性波動。但在人生的感情世界中更是一種親疏憂喜的現象。它的變化是既能創造屬於你的新世界，也能毀滅屬於你的美好世界，對人影響至深至遠。因此在人生中要如何把握『殺、破、狼』的特性，就是我們這一生最重要的功課了。

對你有影響的

紫、廉、武

法雲居士⊙著

在每個人的命盤中都有紫微、廉貞、武曲三顆星，同時這三顆星也具有堅強的鐵三角關係，會在三合宮位中三合鼎立著，相互拉扯，關係緊密、共同組織、架構了你的命運。這也同時，紫微、廉貞兩顆官星和武曲一顆財星，也共同主宰了你的命運！當命盤中的紫、廉、武有兩顆以上居旺時，你的人生就會富足的多，也事業順利、有成就。如果有兩顆以上都居平、陷之位時，則你人生中的過程多艱辛、窮困、不太富裕。要看命好不好？就先從你命盤中的這三顆星來分析吧！

命理生活新智慧・叢書

紫微斗數全書詳析

《上、中、下》三冊一套

◎法雲居士◎著

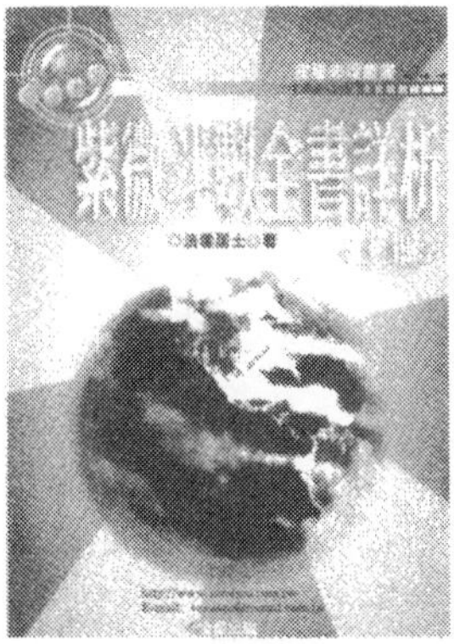

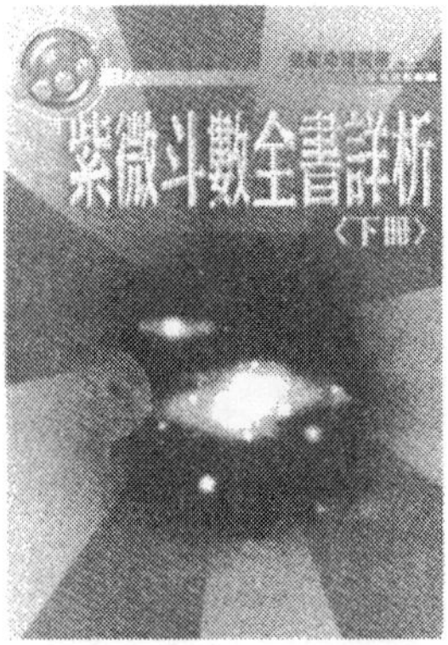

『紫微斗數全書』是學習紫微斗數者必先熟讀的一本書。但是這本書經過歷代人士的添補、解說或後人在翻印上植字有誤，很多文義已有模糊不清的問題。

法雲居士為方便後學者在學習上減低困難度，特將『紫微斗數全書』中的文章譯出，並詳加解釋，更正錯字，並分析命理格局的形成，和解釋命理格局的典故。使你一目瞭然，更能心領神會。

這是一本進入紫微世界的工具書，同時也是一把打開斗數命理的金鑰匙。

紫微命格論健康

法雲居士⊙著

在中國醫藥史上，以五行『金、木、水、火、土』便能辨人病症，
在紫微斗數中更有疾厄宮是顯示人類健康問題的主要窗口，
健康在每個人的人生中是主導奮發力量和生命的資源，
每一種命格都有專屬於自己的生命資源，
所以要看人的健康就不是單單以疾厄宮的內容為憑據了，
而是以整個命格的生命跡象、運程跡象為導向，來做為一個整體的生命資源的架構。
沒生病並不代表身體真正的健康強壯、生命資源豐富。
身體有隱性病灶、殘缺的，在命格中一定有跡象顯現，

健康關係著人生命的氣數和運程的旺弱氣數，
如何調養自身的健康，不但關係著壽命的長短，也關係著運氣的好壞，
想賺錢致富的人，想奮發成功的人，必須先鞏固好自己的優勢、資源，
『紫微命格論健康』就是一本最能幫助你檢驗出健康數據的書。

你的財要怎麼賺

這是一本教你如何看到自己財路的書。
人活在世界上就是來求財的！
財能養命，也會支配所有人的人生起伏和經歷。
心裡窮困的人，是看不到財路的。

你的財要怎麼賺？人生的路要怎麼走？
完全在於自己的人生架構和領會之中，
法雲居士利用紫微命理為你解開了這個
人類命運的方程式，
劈荊斬棘，為您顯現出你面前的財路，
你的財要怎麼賺？
盡在其中！

紫微姓名學

法雲居士⊙著

『紫微姓名學』是一本有別於坊間出版之姓名學的書，
我們常發覺有很多人的長相和名字不合，
因此讓人印象不深刻，
也有人的名字意義不雅或太輕浮，以致影響了旺運和官運，
以紫微命格為主體所選用的名字，
是最能貼切人的個性和精神的好名字，
當然會使人印象深刻，也最能增加旺運和財運了。
『姓名』是一個人一生中重要的符號和標幟，
也表達了這個人的精神和內心的想望，
為人父母為子女取名字時，就不能不重視這個訊息的傳遞。

法雲居士以紫微命格的觀點為你詳解『姓名學』中，
必須注意的事項，助你找到最適合、助運、旺運的好名字。

如何創造事業運

人生中有千百條的道路，
但只有一條，是最最適合你的，
也無風浪，也無坎坷，可以順暢行走的道路
那就是事業運！
有些人一開始就找對了門徑，
因此很早、很年輕的便達到了目的地，
成為事業成功的菁英份子。
有些人卻一直在茫然中摸索，進進退退，虛度了光陰。
屬於每個人的人生道路不一樣，屬於每個人的事業運也不一樣
要如何判斷自己是否走對了路？
一生的志業是否可以達成？
地位和財富能否得到？在何時可得到？
每個人一生的成就，在紫微命盤中都有顯示，
法雲居士以紫微命理的方式，幫助你檢驗人生，
找出順暢的路途，完成創造事業運的偉大工程！